Anna Cecilia Grünn

ELLENLANG

Meine Reise mit den Naturgeistern durch Deutschland

Anna Cecilia Grünn

Ellenlang

Meine Reise mit den Naturgeistern durch Deutschland

FLENSBURGER HEFTE VERLAG

Anna Cecilia Grünn
Ellenlang
Meine Reise mit den Naturgeistern durch Deutschland

Flensburger Hefte Verlag 2009
ISBN 978-3-935679-53-4

Umschlagbild: Aurelia Grünn

Satz und Layout: Flensburger Hefte Satzstudio
Druck: Boyens Offset, Heide

Inhalt

Vorwort

Die Hauptdarsteller des vorliegenden Buches sind Elementarwesen, mit denen ich mich an verschiedenen Orten in Deutschland unterhalten habe. Eine Nebenrolle, die aber für das Entstehen der Gespräche eigentlich eine Hauptrolle war, übernehmen in diesem Buch meine Pferde, die mich einmal quer durch Deutschland und zu all diesen Gesprächen getragen haben. Ihnen verdanke ich eine wunderbare Reise, ebenso wie vielen Menschen, die mich vor und während der Reise begleitet, beraten und unterstützt haben. Dem möchte ich hier Rechnung tragen und ein wenig auch über die äußeren Umstände erzählen, in welche die Gespräche eingebettet waren.

Wie kommt man eigentlich auf die Idee, ganz alleine eine Reise ausschließlich zu Pferd vom Süd- bis zum Nordende Deutschlands zu machen? Das wurde ich unterwegs oft erstaunt gefragt. Diese Reise war ein langgehegter Traum von mir, von dem ich jedoch nicht glaubte, daß er sich jemals erfüllen würde. Nach dem Ende der Schulzeit wollte ich mich auf den Weg machen – durch Deutschland, weil ich mit meiner Familie viel im Ausland gewesen war und das Gefühl bekam, mein eigenes Land kaum zu kennen. Und zu Pferd wollte ich reisen, da ich durch langjährigen Umgang mit diesen Tieren wußte, daß das Zusammensein mit ihnen einem oft besondere Perspektiven auf die Welt eröffnet. Außerdem interessierte mich die mittelalterliche Art des Reisens zu Pferd. Ich war neugierig, wie man auf diese Weise wohl vorankäme und wie man sich fühlt, wenn man mehrere Wochen hintereinander täglich einige Stunden im Sattel zu bewältigen hätte.

Als sich meine Schulzeit ihrem Ende zuneigte, tauchte immer häufiger der Gedanke an eine solche Reise auf. Eines Nachts träumte ich, ich würde aus Protest gegen Atomkraft mit einer großen Gruppe von Menschen reiten; unter dem Motto: „Mit Pferdestärke gegen Atomkraft!" Daraufhin beschloß ich, zumindest den Versuch zu wagen und den damals unüberwindlich erscheinenden Berg der Organisation eines solchen Projekts in Angriff zu nehmen.

Ich besorgte mir Literatur zum Thema Wanderreiten, trainierte mein Pferd, beschaffte mir so gut ich konnte Ausrüstungsgegenstände wie etwa Packtaschen, Falteimer, Reisehandtuch und unzählige andere Dinge. Ich plante eine Route vom Bodensee, wo ich wohnte, bis an die Ostsee, kalkulierte, telefonierte und versuchte Menschen als Mit(st)reiter für meine Aktion zu gewinnen. Allein – die Planung kam nicht recht voran. Alle Menschen, die ich fragte, ob sie mitmachen würden, fanden die Idee gut, hatten aber kein Geld, keine Zeit – oder kein Pferd. Ich hatte mit meinen Vorbereitungen im Herbst nach dem Abitur angefangen und wollte im Frühjahr in die wärmeren und trockeneren Monate hinein losreiten. Als im Februar noch immer keine Mitstreiter gefunden waren, mußte ich diesen Plan aufgeben, wenn ich den Ritt nicht bis auf unbestimmte Zeit hinausschieben wollte.

In diesem Moment kamen die Elementarwesen zu mir, die ich um Rat gefragt hatte. Sie schlugen mir vor, mich unterwegs doch mit ihnen zu beschäftigen und Deutschland durch ihre Augen kennenzulernen. „Der Weg, mit einer großen Aktion etwas für die Welt zu bewirken, ist nicht Deiner“, sagten sie. „Lerne von uns und gib unsere Worte an andere Menschen weiter. Auf diese Weise tust Du genausoviel für die Erde wie mit einer Protestaktion.“

Damit hatte ich den roten Faden für die Reise gefunden, und die weiteren notwendigen Vorbereitungen gingen gut von der Hand. Im März führte ich die ersten vier Gespräche mit Elementarwesen noch zu Hause. Und im Mai, zwei Tage nach der bestandenen (Auto) Führerscheinprüfung, ging es dann los!

Die ersten zwei Wochen begleitete mich meine Schwester Aurelia. Es gab anfangs so viel zu bedenken und zu lernen, daß es gut war, zu zweit zu sein. Nachdem mich in der darauffolgenden Zeit ein erfahrender Wanderreiter begleitete und mich in manche Besonderheiten des Wanderreitens einwies, fand ich auch alleine meinen eigenen Rhythmus von Wander- und Ruhetagen sowie mein Tempo auf den Tagesetappen.

Ich bekam unterwegs rechtzeitig alles, was ich brauchte. Nur mußte ich lernen, daß es gar nicht günstig ist, zu weit vorauszuplanen, da sich auf einem Wanderritt jeden Moment etwas ändern kann. Anfangs fiel mir das schwer, weil ich lieber genau vorausplane und die Dinge nicht gerne dem Zufall überlasse. Aber ich fand immer ein Dach über dem Kopf, auch wenn ich morgens beim Aufbruch noch nicht wußte, wo ich am Abend einkehren würde. Trotzdem geriet ich nach zwei Dritteln der Strecke in Schwierigkeiten. Wegen Satteldrucks wurde ein Pferdewechsel nötig. Doch auch hier ließ sich eine Lösung finden. Meine Familie, die mich auf dem gesamten Ritt auf vielfältige Weise unterstützte, kam mir auch hier zu Hilfe. Meine Eltern nahmen den langen Weg per Auto mit Pferdeanhänger auf sich, um mir unser zweites Pferd Vickon zu bringen und das erste, Hunter, das mich bis hierher begleitet hatte, mitzunehmen.

Aber auch die Menschen, denen ich unterwegs begegnete, waren beinahe ausnahmslos hilfsbereit und in jeder Weise unterstützend. Ein großer Sympathieträger waren immer meine Pferde, welche mir in die allermeisten Herzen und Höfe Eintritt verschafften. Als ich über die Grenze nach Thüringen ritt, bemerkte ich, daß sich die Menschen hier anders verhielten als diejenigen auf meinem bisherigen Weg. Hier wirkten sie vordergründig etwas verschlossener, waren aber ganz selbstverständlich und aus freien Stücken zu jeder Hilfe bereit, die sich die meisten Westler gut bezahlen ließen.

Nach drei Monaten und etwa 1200 Kilometern Weges kam ich schließlich Anfang August in Rerik am Meer an. Während ich auf meinen Vater und meine Schwester wartete, die mich und das Pferd abholen kamen, führte ich die letzten Gespräche mit den Elementarwesen. Mein treuer Reisebegleiter Ellenlang, ein Wetterwesen, das mir an so vielen Tagen beim Wegefinden, Menschenansprechen und Pferdermuntern geholfen hatte, verließ mich, indem er mit Schwung in die Wolken verschwand; nicht ohne mir vorher noch ans Herz zu legen, all die Gespräche, die ich unterwegs mit den Elementarwesen geführt hatte, für andere Menschen zugänglich zu machen. Und hier sind sie nun!

Anna Cecilia Grünn

Vorstellung

Manchmal, wenn ich die Elementarwesen etwas fragen möchte, dann bitten sie mich, mich zuerst vorzustellen, bevor sie mir antworten. Sie wollen wissen, wer ich bin und aus welchen Beweggründen ich frage. Sie möchten meine Geschichte kennenlernen bis zu dem Moment, in dem wir uns begegnen, damit sie mir die richtigen Antworten geben können. So will ich mich auch hier vorstellen und von meinen Wegen und Beweggründen berichten, die mich zu den Gesprächen mit den Elementarwesen geführt haben.

Meine Bekanntschaft mit den Elementarwesen besteht, solange ich denken kann. Ich erinnere mich, daß ich sie als Kind immer wahrgenommen habe, ebenso wie auch Engel und manchmal Verstorbene oder ungeborene Seelen. Ich hatte das Glück, in einer Familie aufzuwachsen, in der diese Fähigkeiten seit mehreren Generationen vererbt werden. Die Realität einer geistigen Welt war unausgesprochen selbstverständlich und daher der Umgang mit geistigen Erlebnissen sehr freilassend. Die Wahrnehmungen, die ich von der geistigen Welt hatte, waren für mich lange Zeit beinahe gleichbedeutend mit anderen Eindrücken, die man den Tag über hat, aber nicht sonderlich beachtet – wie etwas, was man zwar registriert, was einem jedoch nicht auffällt und was man daher auch schnell wieder vergißt.

Erst als Jugendliche merkte ich plötzlich, daß diese Art der Wahrnehmung aus den übrigen Sinneseindrücken herausfiel und daß ich mich ihr bewußt öffnen oder verschließen konnte. Dies wurde durch einen besonderen farbigen Sonnenuntergang ausgelöst, den ich sehr intensiv und hingegeben an die Kräfte, die von diesem Geschehen ausstrahlten, betrachtete. Dabei wurde mir bewußt, daß man jedes Ereignis von einer äußeren und einer inneren Seite erleben kann, und ich begann, diese zwei Arten der Wahrnehmung in meinem Alltag zu sortieren.

Von jenem Moment an verschwand aber auch die Selbstverständlichkeit, mit der mir vorher alle meine Eindrücke von der geistigen Welt zugeflossen waren. Ich mußte mich auf einmal konzentrieren, um geistige Wesenheiten wahrzunehmen. Ich befürchtete, beim Schauen Fehler zu machen und eigene Vorstellungen mit echten

Erlebnissen zu verwechseln, und so verschloß ich mich in den folgenden Jahren diesen Fähigkeiten.

Aus gesundheitlichen Gründen begegnete ich gegen Ende meiner Schulzeit einer besonderen jungen Frau, die mit ihrer eigenen Hellsichtigkeit sehr offen und tatkräftig umgeht und sie sogar zum Beruf gemacht hat. Sie ermutigte mich, meine inneren Augen wieder zu öffnen und das Schauen zu üben. Von ihr lernte ich, diese Art der Wahrnehmung für mich und meine Umgebung konstruktiv zu nutzen und Sicherheit und Klarheit über meine Möglichkeiten und Grenzen zu erlangen.

Kurz möchte ich noch meine Methode des Hellsehens beschreiben, da viele Menschen sich besonders dafür interessieren, wie ich die geistige Welt erlebe und mit ihr in Kontakt trete. Voraussetzung für eine fruchtbare Begegnung mit geistigen Wesen ist ein klares unegoistisches Anliegen, aus dem heraus ich meine Fragen stelle, sowie ein entspannter Körper, ruhige Gedanken und Gefühle und vollkommene Absichtslosigkeit und Offenheit gegenüber dem, was kommt. Damit nähere ich mich dem jeweiligen Wesen und spreche es an, indem ich innerlich einen Schritt auf das Wesen zumache, so, als ob ich einen anderen Menschen begrüßen wollte, jedoch ohne dabei zu sprechen. Manche Wesen, die die Menschen gut kennen, z.B. Hausgeister, schicken mir Worte, aber meist antworten sie mir in Bildern und Gefühlen, die ich dann in Worte übersetze. Es können auch abstrakte Bilder sein, aber durch das Gefühl, das dazukommt, weiß ich immer, welche Worte ich nehmen muß.

Es ist nicht so, daß ich mich sehr anstrengen müßte, um die Sprache der Naturwesen zu verstehen, vielmehr kommen die Wesen mir entgegen und sprechen in denjenigen Bildern zu mir, die ich verstehen kann. Daher können sie mir natürlich auch nur Dinge erzählen, die ich auch denken kann. Also sind alle Wahrnehmungen von Hellsichtigen ebenso subjektiv geprägt, wie es ja schon mit ganz alltäglichen Sinneseindrücken der Fall ist. Ein anderer Mensch mit einem anderen Hintergrund würde bei denselben Wesen ganz andere Aspekte wahrnehmen als ich.

Mit diesem Wissen sollte man die Gespräche lesen und beispielsweise auch die Beschreibung der Menschen durch die Naturgeister in den verschiedenen Landschaften als das nehmen, was sie sind: Hinweise, die zum eigenen Nachdenken anregen sollen über die

Wirkung, die die besonderen Kräfte einer bestimmten Landschaft auf die Entwicklung der in ihr lebenden Menschen haben können. Die beschriebenen Tendenzen könnten, falls sie in einem Menschen sowieso veranlagt wären, von der Landschaft unterstützt werden. Sie sind jedoch keineswegs bei jedem Menschen, der in der entsprechenden Landschaft lebt, unbedingt in dieser Weise zu finden. Und natürlich sind diese Beschreibungen aus den obengenannten Gründen keineswegs umfassend und vollständig, sondern durch die Augen eines einzigen Elementarwesens und meine Wahrnehmungsmöglichkeiten angeschaut.

Es ist somit jeder aufgefordert, sich unvoreingenommen seinen eigenen Eindruck von den Landschaften zu machen, so daß sich die verschiedenen Sichtweisen insgesamt zu einem vollständigen Bild zusammenfügen. Ähnlich kann es hoffentlich mit allen in diesem Buch enthaltenen Gesprächen sein. Jeder Mensch liest sie von seinem eigenen Standpunkt aus, jeder wird etwas anderes wichtig finden, jeder etwas anderes besonders gut verstehen. Ich hoffe, daß sich somit die Elementarwesen von uns Menschen insgesamt möglichst umfassend verstanden fühlen werden, wenn wir sie – jeder für sich – ein bißchen verstehen und gemeinsam ein lebendiges Bild von ihnen bekommen können.

Anna Cecilia Grünn

 Vorlage: Anna Cecilia Grünn, Zeichnung: F. Pfannenschmidt

Reiseroute von Anna Cecilia Grünn
(punktierte Linie)

Gespräche in der Vorbereitung

Samstag, 1. bis Montag, 3. März 2008, Lehenhof, Deggenhausertal

Gespräch mit den Windgeistern des Sturmtiefs „Emma“

Dieses Gespräch führte ich noch zu Hause am Bodensee. Noch waren es zwei Monate bis zum Beginn der Reise, aber meine Vorbereitungen kamen gut voran, und ich wollte mich mit Hilfe der Windgeister – die ich befragte, während ich gemütlich im Wohnzimmer saß – auch innerlich schon auf die Unternehmung vorbereiten.

Seht ihr mich? – Ich würde euch gerne begrüßen und von euch lernen.
Abwartende Blicke

Wollt ihr mir etwas über das Reisen erzählen?
Was willst Du wissen?

Woher kommt ihr?
Wir haben viel gesehen. Afrika, die Wüste Gobi. Das Mittelmeer. Den Nordpol, zuletzt den Atlantik.

Was ist eure Aufgabe in der Natur und an den Menschen?
Wir lassen Altes und Unbrauchbares zum Vorschein kommen, indem wir es aufwirbeln. Wir nehmen alles mit, was nicht in die Gegenwart gehört. Wir stellen die alte Ordnung auf den Kopf und schaffen Raum für neue Entwicklung. Laß los, laß los, laß los…

Gibt es Ähnlichkeiten zwischen einer Reise, die ein Mensch unternimmt, und der Kraft des Windes?
Eine Reise bringt den Menschen in Bewegung. Er muß sich verändern, neue Gedanken denken, alte Muster ablegen, sich auf das

Wesentliche konzentrieren, das seine Reise begleiten soll. Es ist ein bißchen ähnlich, wie wenn der Mensch im Sturm steht. Aber weil Menschen nicht immer reisen können, wenn sie müßten, kommen die Wesen des Windes und des Sturms zu ihnen, erzählen ihnen von der Welt hinter dem Horizont und nehmen all sein verstaubtes Gedankengut mit sich.

Ich habe eine Reise vor, auf der ich mit Naturwesen sprechen möchte, damit ich den Menschen später davon erzählen kann. Sollte ich etwas Bestimmtes fragen? Gibt es eine Aufgabe für mich oder Botschaften von euch?

Frage deutlicher!

Was kann ich für meine Reise von euch lernen?

Der Wind bewegt sich immer entsprechend der Landschaft, in der er sich befindet. Mal arbeiten wir alle in gleichartiger Weise zusammen, und es entsteht ein kräftiger, gleichmäßiger Luftzug, mal spielen wir mit Wesen anderer Elemente und formen Wirbel und Spiralen, manchmal zerstreuen wir uns, und der Wind scheint von überallher zu kommen. Es gibt Böen, Auf- und Abwinde, über dem Wasser weht der Wind anders als in den Bergen.

Schau, das ist das Geheimnis des Reisens: Laß Dich formen von der Umgebung, in der Du bist, probiere es aus, immer wieder anders und neu zu sein, je nachdem, was ein Umfeld in dir bewegt. Und so, wie man den Wind gerade dann besonders gut wahrnimmt, wenn sich seine Richtung oder Bewegung verändert, wirst Du Dich um so intensiver erleben und kennenlernen, je leichter und öfter Du Dich traust, Dich zu verändern. Das heißt nicht, daß Du Dich anpassen, sondern nur, daß Du Deine Vielfalt leben sollst.

Vielen Dank, das ist ein sehr guter Rat, ich werde versuchen, so oft wie möglich wie der Wind zu reisen. Gibt es aber vielleicht noch etwas, was die Naturwesen außer mir auch noch anderen Menschen mitteilen möchten, wonach ich sie fragen sollte?

Wir wissen, daß nicht alle Menschen uns verstehen und für anwesend halten können. Aber es gibt immer mehr, die es versuchen. Die Naturwesen – jedenfalls die meisten – wollen mehr und mehr von den Menschen angehört und akzeptiert werden. Wir hüten und pflegen die Erde und auch die Menschen und ihre „Erschaffungen", und wir möchten, daß die Menschen mit uns gemeinsam die Erde heilen und auf eine neue Entwicklung vorbereiten. Das, was Menschen meinen, wenn sie das Wort „Globalisierung" sagen – das machen wir Windgeister schon lange! Und es bedeutet für die Menschen nicht nur, das Bewußtsein über den eigenen Standpunkt hinaus zu erweitern, sondern auch, über die Grenzen des Gewohnten zu gehen und über die Grenzen der eigenen Wesenheit hinweg mit dem Neuen – z.B. uns Naturwesen, aber natürlich auch anderem – zu kommunizieren.

Du solltest also an jedem Ort, an den Du kommst, die Naturwesen fragen: Was tut ihr für die Erde und warum, und wie können die Menschen euch dabei helfen und zu eurer Arbeit beitragen? Schau, es geht nicht nur darum, etwas zu tun, sondern auch darum, das Richtige am rechten Ort zur rechten Zeit zu tun, damit es auch wirkt. Darin könnt ihr Menschen von uns lernen. Ihr habt diese Feinfühligkeit nämlich zum Teil verloren, da ihr euch so weit von den ursprünglichen Kräften der Erde fernhaltet.

Ich denke, es wird viele Menschen sehr interessieren, wie sie der Erde am besten helfen können. Kann man denn ganz speziell auch für die Naturwesen noch etwas tun?

Wenn ihr die Erde und ihre Wesenheiten liebt und wertschätzt, wenn ihr wieder lernt, ihnen zu lauschen, dann nehmen wir die Kraft eurer Zuwendung und Hingabe auf und können dadurch stärker, freier, beweglicher und selbständiger werden.

Eure Aufgabe, sagt ihr, sei das Befreien erstarrter Strukturen, und ihr schafft Raum für neue Entwicklung. Wie können die Menschen euch darin unterstützen?

Indem ihr euch selber immer wieder verwandelt und erweitert und indem ihr in allem, was ihr für die Erde tut, niemals beim Altbewährten stehenbleibt. Nichts gegen das Altbewährte; aber man sollte als Mensch immer bemüht sein, das Gute noch zu verbessern.

Vielen Dank für eure Antworten. Ich nehme sie mit auf die Reise. Wohin geht ihr jetzt?

Richtung Mittelmeer. Dann werden wir wieder neue Aufgaben in höheren Schichten der Atmosphäre bekommen. Jeder geht seinen Weg.

Freitag, 7. März 2008,
Lehenhof, Deggenhausertal

Gespräch mit unserem Hausgeist Herman

Blaue Gestalt, Mütze, weißes Haar und Bart, sehr verschmitzt und weise

Unser Hausgeist weiß in fast allen Lebenslagen einen Rat. Hier wollte ich vor allem wissen, welche Fragen die Elementarwesen an mich haben und unter welchen Gesichtspunkten es interessant wäre, die deutschen Landschaften anzuschauen.

Herman, Du bist so etwas wie ein „Starthausgeist" auf meiner Reise. Deswegen finde ich, daß ich mit Dir auch sprechen sollte. Hast Du gerade Zeit?

Hast Du denn gute Fragen?

Kannst Du mir als Hausgeist sagen, welche Bedeutung ein Haus für einen Reisenden hat, anstelle z.B. eines Zeltes als Unterkunft?

Ein Haus ist natürlich viel bequemer als ein Zelt. Ein Zelt bietet nicht soviel Hülle wie ein Haus, daher ist die Verbindung des Reisenden zur Umgebung sehr stark, und das Gefühl des Unterwegsseins kann sehr intensiv erlebt werden.

Ein Reisender mit Zelt geht in seiner Umgebung auf und muß recht viel Kraft aufwenden, sich in seiner Umgebung nicht zu verlieren. Dagegen hat es ein Reisender, der in Häusern rastet, viel leichter, bei sich zu bleiben und seine innere Wachheit und Konzentration auf sich selbst (im Sinne von Reflexion) immer wieder zu finden. Dafür kommt er jedoch um so mehr in Berührung mit den Menschen, die an diesem Ort wohnen, denn die Häuser sind auch ein spezifischer Ausdruck für die Kräfte, die die Menschen dadurch entwickeln, daß sie in einer bestimmten Landschaft leben. Das bedeutet aber auch, daß der Herbergsreisende immer wieder in ganz neue, festgefügte Situationen hineinkommt und sich mehr als der Zeltreisende anstrengen muß, seine innere Beweglichkeit zu erhalten, immer im Fluß zu bleiben, nirgendwo „hängenzubleiben“. Also bedeutet ein Haus immer einen festen Rahmen und Schutz, aber auch die Begegnung mit den dort typischen Menschenkräften und damit die Aufgabe, immer wieder bewußt loszulassen und offen zu sein für das Neue.

Ich habe mir Deutschland als Reiseland ausgesucht, weil ich dieses Land und seine Bewohner einmal intensiver kennenlernen möchte. Hast Du eine Idee, worauf ich besonders achten sollte, damit ich das Wesentliche und Typische eines Ortes so umfassend und deutlich wie möglich erkennen kann?

Wie ich schon gesagt habe, Häuser sind sehr typisch für die Menschen, die sie gebaut haben. Deshalb frage immer die Hausgeister nach den Bewohnern ihrer Häuser, wenn Du über die Menschen etwas erfahren willst. Frage außerdem die Landschaftsgeister, welche Aufgabe ihre Landschaft für den Gesamtorganismus des Landes hat.

Ich möchte den Menschen, denen ich davon berichten werde, vermitteln, wie liebenswert und schützenswert ihr Land und seine menschlichen und nichtmenschlichen Bewohner sind. Was meinst Du, wie ich das am besten sagen kann?

Na klar, um den Menschen begreiflich zu machen, daß sie etwas anerkennen sollen, muß man ihnen erstmal sagen, um was genau es sich handelt. Schaue daher – und frage die entsprechenden Wesen – in die Vergangenheit der Landschaft: Wie ist sie entstanden, was hat in ihr gelebt? In der Gegenwart versuche zu erkennen, welchen energetischen Einflüssen die Landschaft im Moment unterliegt, und frage nach den Entwicklungsmöglichkeiten in der Zukunft. Wenn Du es schaffst, einen Ort mit dem anderen und mit dem gesamten Land in Verbindung zu sehen, kannst Du sicherlich ein recht vollständiges Bild erhalten.

Oh, das hört sich aber nach viel Arbeit an! Vielen Dank für Deine guten Ratschläge, ich werde sehen, was ich schaffen kann.

Schweigt und lächelt

Noch etwas möchte ich Dich fragen: Wie würdest Du die Menschen in unserer Gegend (Bodenseekreis) beschreiben?

Es sind Menschen, die manchmal einen sehr kleinen Horizont und ein sehr großes Herz haben, Menschen, die die Fähigkeit haben zu träumen und zu vertrauen. Sie lieben die Langsamkeit und lassen sich im Strom der Ereignisse gemütlich mittreiben. Manchmal treiben sie auch an guten Gelegenheiten vorbei, aber das macht nichts aus. Sie warten dann einfach auf die nächste gute Gelegenheit.

Herman, auf Anraten der Windgeister möchte ich Dich noch gerne fragen, wie die Menschen die Arbeit der Hausgeister unterstützen können...

Das weißt Du doch schon!

Aber ich muß es doch richtig aufschreiben!

Also gut: Am liebsten haben es die Hausgeister, wenn sie ausgeglichene, zufriedene und stabile Bewohner versorgen können, die nicht zu viele emotionale Misthaufen machen. Man hilft den Hausgeistern am besten, indem man für eine harmonische Stimmung zwischen den Hausbewohnern sorgt und indem man das Haus als solches im Bewußtsein hat, es pflegt und gern hat und eine klare, leichte, warme Atmosphäre schafft. Dazu gehört auch Aufräumen und Putzen usw.! Also nur mit „Eiteitei" und Räucherstäbchen tut sich da nicht viel! Aber das ist Dir doch hoffentlich klar?!

Natürlich, und ich werde es auch so weitergeben... Danke sehr, Herman, für das Gespräch, und danke sehr für Deine Arbeit in unserem Haus!

Samstag, 16. März 2008, Lehenhof, Deggenhausertal

Gespräch mit dem Hüter der Bodenseelandschaft

An einem erstaunlich warmen Vorfrühlingstag sitze ich zu Hause auf der Terrasse in der Sonne. Vor mir liegt das Deggenhauser Tal, bewaldete Hügel und Täler, die auf den Bodensee zulaufen und dahinter, durch das Föhnwetter klar und scharf gezeichnet, die Schweizer Alpen. Dies ist die Landschaft, in der ich aufgewachsen bin. Von hier aus werde ich losreiten.

Lieber Landschaftshüter, ich möchte durch Deutschland reisen und den Menschen, wenn sie es hören wollen, über ihr Land und die darin lebenden Wesenheiten berichten. Willst Du mir etwas über diese Landschaft erzählen? Und darf ich beschreiben, wie Du aussiehst?

Ist einverstanden, nähert sich mir, sammelt sich aus der Weite der Landschaft vor meinem Sitzplatz. Er ist ca. zweieinhalb Meter groß, sofern man ihn auf solche Maße festlegen kann. Sehr mächtig, bringt viel Schwung mit in einem wehenden grünschattierten Mantel. Er hat „Hosen“ und „Hemd“ sowie rötlich-braunes „Haar“ und „Bart“. Wirkt nach Menschenmaßstäben etwa wie Mitte 30, obwohl er natürlich sehr viel älter ist.

Erzähle mir, wie diese Landschaft entstanden ist!

Vormals gab es hier gewaltige Erdbewegungen, danach entstand Wald. Dieser verwandelte sich in Steppe, und der Boden gefror. Eis und riesige Gletschermassen rieben gegeneinander. Sie schoben die Erdkruste vor sich her, formten Hügel und Mulden und schufen und hinterließen so das Antlitz dieser Landschaft, bevor sie verschwanden. Pflanzen und Tiere kehrten zurück, irgendwann kamen einige wenige Menschen. Sie gingen sorgsam mit dem Land um, und noch heute verhindert die gewellte Oberfläche der Erde, daß sie den Boden und die Vegetation allzu sehr zerstören. Aber die Landschaft hat an Kraft verloren, sie wurde von den Menschen verbraucht.

Erst seit kurzer Zeit bemühen sich einige wieder um das Typische, Wertvolle der Landschaft wie z.B. die Streuobstwiesen, durch die sie sehr prägend verändert wurde. Seit die Apfel- und sonstigen Obstbäume hier wachsen, ist die Landschaft weniger wild, dafür leichter, lichter, lieblicher geworden. Die Apfelbäume sind wichtig für die Landschaft, sie bewahren sie vor Steifheit und Enge.

Kannst Du sagen, in welchem Prozeß sich diese Landschaft momentan befindet und welche Aufgabe sie innerhalb Deutschlands hat?

Das sind zwei Fragen. Der Prozeß, durch den diese Landschaft gerade geht, ist eine Polarisierung. Ja, so könnte man sagen. Durch die stärkere Besiedlung und Veränderung des Klimas entstehen lauter kleine, für sich abgeschlossene und zum Teil einander entgegengesetzte Formationen. In direkter Nähe des Sees z.B. wird die Landschaft allmählich trockener und „südlicher", andere Energien werden auf Dauer auch andere Pflanzen anziehen. Die Südhänge der Hügel werden trocken, dürr, öde durch übermäßige Bebauung und Bewirtschaftung. In höher liegenden Gebieten wird es wärmer, und wenn man die Vegetation in Hanglagen sich selber überläßt, können dichtere und vielfältigere Wälder entstehen. Auch ich werde mich dadurch natürlich verändern.

Wie wirst Du Dich verändern, und wohin geht die Landschaft in ihrer Entwicklung?

Ich werde meine Gestalt verändern, und auch meine Aufgaben werden sich verändern. Indem die Landschaft sich polarisiert, muß ich größer und ausgeglichener werden, um ihr gerecht werden und all die verschiedenen Teilbereiche zusammenhalten zu können. Beinahe jede Veränderung bedeutet für mich Entwicklung.

Du hast übrigens schon wieder zwei Fragen auf einmal gestellt! Du solltest Dich mehr auf das Wesentliche und die Ordnung konzentrieren. Diese Landschaft könnte innerhalb von Gesamtdeutschland eine Art Ohr werden. Das ist so gemeint, daß hier die für das Land wichtigen Impulse aufgenommen und an das ganze Land weitergegeben werden. Also hier könnte ein Tor zu allem Neuen entstehen. Ein Ort, der der Erde und den Sternen lauscht und ihre Zukunftsmusik empfängt. Das fängt im Moment schon ein bißchen an. Die Landschaft übernimmt sehr leicht und weich neue Impulse. Und die Menschen nehmen auf ihre eigene, eher passive Art vieles auf, was aus der weiteren Umgebung an sie herankommt. Du sagst, man sieht ja äußerlich nichts davon - aber hast Du schon mal von einem Ohr gehört, das etwas aus sich herausgespuckt hätte? Die Umsetzung von Ideen in die Tat ist nicht die Aufgabe dieser Landschaft, nur ihre lauschende, hingebende Aufnahme.

Welches ist Deine besondere Aufgabe in dieser Landschaft?
Ich unterstütze alle für die Landschaft positiven Vorgänge, weniger gute Einflüsse halte ich in der Atmosphäre so klein wie möglich. Und ich helfe den Menschen dabei, in die zukünftigen Aufgaben der Landschaft hineinzuwachsen.

Wie können die Menschen Deine Arbeit unterstützen?
Indem sie hineinlauschen in die Landschaft, dem nachgehen, was in ihr lebt, und sie in ihrer Eigenart wachsen lassen. Wenn die Menschen aktiv daran mitarbeiten, die Landschaft harmonisch und individuell zu gestalten, wenn sie für die Erhaltung der Lebenskräfte, der Reinheit von Wasser und Luft sorgen, kann ich meiner Aufgabe viel besser nachgehen. Die Menschen sollten darauf achtgeben, daß die Landschaft weich und vielfältig bleibt, damit sie wichtige Impulse möglichst gut aufnehmen kann. Wie der See den Bergen lauscht, wie der Rhein ihre Geheimnisse in die Tiefe trägt, soll diese Landschaft zum aufnehmenden Organ für Deutschland werden. Laßt ihr ihre Leichtigkeit, bewahrt ihre Vielfältigkeit, pflegt sie wie einen Blumengarten.

Danke sehr für das Gespräch. Hast Du noch eine bestimmte Botschaft an die Menschen?
Strengt euch an! In einer verödeten Landschaft können auch nur verödete Seelen leben. Es ist eure Verantwortung und eure Chance, eure Landschaft zu prägen.

Schön, daß Du an dieser Landschaft für uns arbeitest. Auf Wiedersehen, wir unterhalten uns bestimmt noch einmal.
Nickt, verschwindet und ist fort, in der Weite der Landschaft.

Samstag, 26. April 2008, Lehenhof, Deggenhausertal

Gespräch mit den Zivilisationsbegleitern (von mir vorläufig so genannt) der Bodenseelandschaft

Der Tag der Abreise rückt näher, aber noch sind die Nächte kalt und mein Pferd und ich nicht bereit für den langen Weg. Im Garten bei Sonnenschein kommen die drei Zivilisationshüterinnen zu mir, um mir von meiner „Ausgangslandschaft" zu erzählen. Dies ist das letzte Gespräch zu Hause.

Ich habe Fragen. Gibt es jemanden, der antworten möchte?

Drei elfenartige Wesen stellen sich ein: in den Farben des Lichts und des Feuers, Rot, Orange und Gelb. Sie sind etwas kleiner als Menschen, leuchtend, bewegt, geflügelt, weiblicher Gestalt.

Welches sind Deine Fragen?

Als erstes würde mich interessieren, was eure Aufgabe im allgemeinen ist und wie ihr genannt werden möchtet.

Obwohl Du schon ein bißchen über uns weißt, erzählen wir Dir gerne nochmal etwas mehr. Wir stammen, wie Du sehen kannst, aus dem Element des Feuers und haben uns auf besondere Weise mit den Menschen verbunden. Seit die Menschen sich das Feuer zu eigen gemacht haben, haben wir uns verändert und begleiten seither Prozesse, in denen Menschen sich in eine Landschaft einfügen. Die Kultur und Lebensart, die sich aus diesem Zusammenkommen von Mensch und Landschaft ergibt, werden von uns auf der untersten Stufe – über uns arbeiten noch Engel daran mit – in geordnete Bahnen gelenkt, gehütet und getragen. Auch die Entwicklung spezifischer Fähigkeiten, die die Bewohner einer Landschaft formen und die auch ganze Hochkulturen hervorbringen können, werden von uns vorbereitet und gepflegt. Daher wäre es schön und unserer Aufgabe angemessen, wenn Du uns Kulturträgerinnen nennen würdest.

Wie würdet ihr Kulturträgerinnen die Menschen in dieser Landschaft beschreiben? – Welche Fähigkeiten entwickeln die Bewohner des Bodenseegebietes, und wie wirken sie auf dieses Gebiet?

Da diese Landschaft so weich und durch die Energien des Sees so aufnehmend ist, haben die Menschen, die hier leben, besonders die Fähigkeit des Zuhörens und des Träumens entwickelt. Ihre Kommunikation ist von Weite, Großzügigkeit und Beweglichkeit geprägt. Sie sind in der Lage, viele unterschiedliche Kräfte und Ideen in sich zu vereinen und zusammenfließen zu lassen. Ihre Fähigkeit ist die Synthese. Sie finden für alles Kompromisse und Lösungen. Man kann dies z.B. daran sehen, wie harmonisch die unterschiedlichsten spirituellen Impulse auf recht kleinem Raum miteinander auskommen.

Du sagst, in größeren Städten wäre das doch auch der Fall. Natürlich gibt es Vielfalt auch woanders. Aber das Besondere hier ist eine sehr weitherzige, konkurrenz- und bewertungsfreie Toleranz der verschiedensten Elemente untereinander. Die Landschaft mit ihren weichen, hügeligen Wiesen, ihren steilen Abhängen und Schluchten und ihren lieblichen Obstwiesen, die sich ergänzen, anstatt sich zu stören, ruft etwas Ähnliches im Zusammenleben ihrer Bewohner hervor. Eine Vielfalt von Kräften kann hier entstehen, und ohne sich gegenseitig im Weg zu sein, bilden sie ein organisches Ganzes. In diesem Fall wirken die Menschen auf die Landschaft, deren Impulse sie aufgenommen haben, in der Weise, daß sie die Harmonie der verschiedenen Landschaftsarten untereinander unterstützen. Wir arbeiten daran mit, indem wir helfen, Elemente vom einen in den anderen Ort zu tragen und weiche Übergänge an den Grenzen zwischen den einzelnen Landschaftsarten zu schaffen. Du kannst beobachten, daß sich das Gesicht der Landschaft fließend vom Berg zum See verändert.

Können die Menschen etwas Bestimmtes tun, um eure Arbeit zu unterstützen?

Lauscht hinein in die Landschaft und nehmt wahr, wie sie zu euch spricht. Versucht, das, was ihr von ihr aufnehmt, mit eigenen Impulsen zu vermischen und wieder einfließen zu lassen in die Landschaft. Das bedeutet: Ihr dürft und sollt eure Landschaft gestalten und sie zu eurem Abbild machen. Aber nicht willkürlich, sondern so, wie sie selber es euch eingibt.

Gibt es noch etwas zu sagen, wonach ich zu fragen vergessen habe?

Du hast nur von der Vergangenheit und der Gegenwart wissen wollen. Wir finden, daß die Zukunft auch wichtig ist.

Bitte erzählt mir von der Zukunft der Kultur in dieser Landschaft!

Da in Zukunft große Veränderungen in der Denkweise der Menschen anstehen, werden sich viele neue Einflüsse zunächst diesem Gebiet mitteilen. Es werden mehr und mehr Menschen sich von dieser Landschaft angezogen fühlen, da sie ihnen die Fähigkeit, viel Neues und Verschiedenes in Ruhe und Ausgeglichenheit aufzunehmen, vermitteln kann. In dieser kulturellen Landschaft wird mehr und mehr die Fähigkeit wachsen, Toleranz und Charakter zu verbinden. Es wird aber auch die Gefahr bestehen, daß Struktur verlorengeht und Chaos ausbricht. Daß dies nicht bzw. erst im richtigen Moment der Fall sein wird, dafür haben wir zu sorgen.

Wie sieht eure Arbeit konkret aus?

Wir arbeiten zum Teil mit einzelnen kulturschaffenden Menschen zusammen und helfen ihnen, ihre Impulse in das Ganze einzufügen. Natürlich pflegen wir auch die positiven Aspekte von Vereinen und Vereinigungen auf ebensolche Weise.

Außerdem sind wir an Übergängen zwischen unterschiedlichen Gebieten zu finden. Zum Beispiel verweben wir die Energien einer Stadt mit denen des sie umgebenden Waldes und stellen so Harmonie her zwischen Natur und Kultur. Es ist hauptsächlich unsere Aufgabe, Gleichgewicht zu schaffen und Einzigartigkeit zu pflegen.

Danke sehr für eure Antworten. Wie wichtig, denkt ihr, ist es, daß die Menschen von euch wissen?

Sehr wichtig! Sie können dadurch zur Gewißheit gelangen, daß ihre Bemühungen für die Natur und die Menschen in einen größeren Zusammenhang einfließen. Jede einzelne Strömung, sofern sie für das Ganze positiv ist, wird von uns unterstützt.

Vielen Dank, ich habe heute viel gelernt und werde versuchen, von euch zu erzählen. Möchtet ihr nochmals überprüfen, ob ich alles richtig verstanden habe?

Es ist schon in Ordnung so. Du benutzt Menschenworte und Menschengedanken, also wird es von denen, für die es wichtig ist, verstanden werden.

Sie verschwinden nach oben.

Gespräche unterwegs – ab Beginn der Reise am 19. Mai 2008

Montag, 19. Mai 2008, in Wilhelmsdorf, Bodenseegebiet

Gespräch mit dem „Reisebegleiter", der sich für die Zeit der Reise mir und dem Pferd anschließt

Endlich, wir sind unterwegs! Meine Schwester Aurelia und ich sind früh aufgestanden in der Erwartung eines langen Reisetages und bei unseren Gastgebern, einer Bäuerin und ihrer Tochter, viel früher als angekündigt und daher unerwartet eingetroffen. Wir planen die Route für den nächsten Tag, rufen bei den nächsten Unterkünften an und hängen die Jacken zum Trocknen auf, die bei einem Platzregen am Morgen naß geworden sind. Es ist ein grauer, ungemütlicher Tag, und wir sitzen in einer ebensolchen Stube und fühlen uns noch nicht wie die großen Reisenden. Aber dennoch hat sich uns schon ein Wesen angeschlossen: unser Reisebegleiter, der sich in wunderbar farbigem, bewegtem Kontrast zu diesem grauen Tag in dem kalten Zimmer vorstellt.

Ein Wesen aus den Elementen Wasser und Luft, fließende Gestalt, etwa hüfthoch und sehr bunt, wobei aber die Farben Blau und Rot vorherrschend sind.

Er meldet sich sofort zu Wort: Er möchte einen Namen haben für die Zeit der Reise, es würde ihm helfen, uns zu begleiten. Danach wird er den Namen erst einmal wieder ablegen, wie er betont.

Wie soll ich Dich denn nennen?

Ellenlang! Der Klang ist weich und beweglich, erinnert an Wellen und Wind, und die Bedeutung gefällt mir.

Gut. Also, Ellenlang, wer bist Du, woher kommst Du, und was ist Deine Aufgabe im allgemeinen?

Ich bin ein Wesen aus dem Übergang von Wasser und Luft. Beides sind Elemente mit viel Bewegung, und aus ihrem Zusammenklang entsteht eine sehr unbeständige, wandlungsfreudige Kraft. Von daher stamme ich. Man könnte mich vielleicht auch Vagabund nennen.

Meine Aufgaben sind diese: In der Natur bin ich ein Wetterwesen. Ich schaffe mit an der Entstehung und Veränderung von Wetter, sorge für Stürme, Gewitter, Druckausgleich und Sonnentage. Zu Menschen komme ich, um ihnen bei inneren Veränderungen zu helfen, die biographisch bedingt sind und das gesamte Wesen des Betreffenden umwandeln. Wenn der Boden wankt, wenn jeder Tag das Gegenteil des vorigen ist, dann helfe ich, jede einzelne Spielart der Veränderung auszuschöpfen und jede Entwicklung, die möglich wird, mitzumachen.

Und warum genau hast Du Dich jetzt uns angeschlossen? Hat es etwas mit der Reise oder nur mit meinen eigenen Veränderungen zu tun?

Einmal ist es meine Art, mich ständig fortzubewegen, ähnlich wie bei einer Wanderung, nur eigentlich etwas schneller und unsteter. Außerdem aber bringt jede Reise für den Reisenden so viele Eindrücke und Erfahrungen mit sich, daß dies oft Anstoß zu tiefgreifenden Veränderungen der Persönlichkeit gibt. Man könnte sagen, eine Reise ist komprimierte Lebens- und Erlebenszeit, und auch Entwicklungen können dadurch viel rascher geschehen. Außerdem treten die meisten Menschen eine Reise von vornherein aus dem Grund an, daß sie sich verändern möchten, oder sie wollen sich die anstehenden Entwicklungsschritte erleichtern. Dir habe ich mich angeschlossen, weil mich Deine Art des Reisens, aber auch Deine Bereitschaft, Dich zu verändern, angezogen haben.

Mir fällt dazu das Thema Pilgerreisen ein. Kannst Du sagen, wozu einem Menschen so etwas nutzt?

Menschen pilgern an einen spirituell bedeutenden Ort, um dort eigentlich zu einem entsprechenden Ort oder Zustand in sich selber zu finden. Die Reise im Äußeren erleichtert ihnen die Entwicklungsschritte zu dieser inneren Reife, die nötig ist, um sich auf die richtige, fruchtbare Art und Weise von einem Pilgerort inspirieren zu lassen.

Und was bedeutet das Reisen für Menschen, die damit leben, wie z.B. auch heute noch viele Zigeuner oder Nomadenvölker und andere?

Diese Menschen haben einen Lebensraum von Punkt und Umkreis – beispielsweise das Zelt und die traditionellen Pfade, auf denen gereist wird –, so wie seßhaft lebende Menschen um ihren Wohnort herum einen Strahlenkranz von ausgelagerten Orten als Lebensraum haben. Während der Seßhafte im immer Gleichen nach Abwechslung sucht und das immer Neue entdeckt, findet der Nomade im immer Neuen das immer Gleiche, welches ihm Halt gibt. Also sind beide Lebensformen gleich intensiv.

Woran liegt es denn, daß in der Menschheitsgeschichte eine allgemeine Entwicklung vom Nomadentum zur Seßhaftigkeit stattgefunden hat?

In der ersten Phase, in der die Menschen ein Bewußtsein über ihr eigenes Wesen zu entwickeln begannen, sollten sie sich selber als eine Konstante in einer wechselnden Umgebung und unter wechselnden Bedingungen erleben, um so ihre Selbstwahrnehmung zu stärken; daher nomadisierten die Vorfahren der heutigen Menschen. Im nächsten Schritt mußten die Menschen bei der Seßhaftwerdung Kreativität, Keim- und Schaffenskräfte aus sich heraus entwickeln. Sie sollten nicht mehr hauptsächlich durch eine äußere Umgebung geformt werden, sondern nun auch mit eigenen Kräften von innen heraus auf ihre Umgebung wirken.

Ist das Zeitalter der Globalisierung und der Schnellebigkeit, in dem der überwiegende Teil der Menschheit seßhaft ist und gleichzeitig nahezu alle Orte der Welt leicht zugänglich gemacht wurden, demnach ein Fortschritt?

Grundsätzlich ja. Heute leben viele Menschen gleichzeitig als Nomaden und Seßhafte. Entweder sie sind auf Reisen überall zu Hause, oder sie nomadisieren im Wohnzimmer, mittels moderner Medien, durch die ganze Welt. Ihr sollt jetzt lernen, Zeit und Raum in euch selber entstehen zu lassen und diese beiden Dimensionen qualitativ anstatt quantitativ zu erleben. Indem ihr nicht mehr nur Orientierung sucht in Zeit und Raum, sondern sie auch zu erschaffen lernt, werdet ihr in vielem unabhängig von ihnen.

Es gibt aber natürlich auch Schwierigkeiten zu bewältigen auf dem Weg zu diesem Ziel. Bei Reisenden besteht irgendwann die Gefahr, daß sie das Neue an anderen Orten übersehen, weil sie immer das Bekannte suchen. Seßhafte hingegen nehmen oft das Bekannte nicht mehr bewußt wahr, sondern nur noch das, was aus dem Alltag herausfällt. Ebenso können Menschen, die versuchen, beides zu leben, entweder ihren Innenraum oder ihren Außenraum verlieren. Entweder hält sich jemand zu sehr an seinem äußerlichen Weltbürgertum fest und vergißt dabei, sein Inneres zu pflegen und reflektierend wahrzunehmen – das sind dann oft „Workaholics“ oder Menschen mit „Burnout-Syndrom“, um es in Menschenworten zu sagen. Oder jemand ist mit den Anforderungen des Außenraums überfordert und konzentriert sich nur noch auf sich selber, um die Orientierung zu behalten. Dadurch entstehen häufig Depressionen, Hypochondrie und Egozentrik.

Wie kann man beiden Anforderungen unserer Zeit gerecht werden und im Gleichgewicht bleiben?

Zunächst sollten die Menschen versuchen, auf einer langen Reise offen zu bleiben für Neues, an einem festen Ort hingegen das Bleibende immer wieder bewußt wahrnehmen. Wenn ihr außerdem übt, in einem harmonischen Verhältnis von Geben und Nehmen, Einfluß und Eindruck zur Umgebung zu stehen – wie im Bild einer Lemniskate, die Mensch und Umwelt verbindet –, wird es immer leichter, im inneren Gleichgewicht zu bleiben. Und irgendwann verändert sich dann das Verhältnis von Subjekt und Objekt nicht mehr, wird unabhängig von den Zuständen der Ruhe oder Bewegung.

Frage von Aurelia: Kannst Du etwas über unterschiedliche Arten des Reisens sagen, und hast Du einen besonderen Bezug zu Pferden?

In der Natur bewegen sich Pferde ständig von einem Ort zum anderen, insofern entsprechen sie auch meiner Wesensart. Im Gegensatz zu Fußgängern oder „Gerätereisenden" können Reisende mit Tieren noch intensivere Veränderungen durchmachen, da sie ihre eigene Entwicklung mit jener der Tiere in Einklang bringen und auch immer wieder Brücken der Verständigung zu dem anderen Wesen schlagen müssen.

Dankeschön für Deine Antworten und Deine Begleitung. Ich werde Dich sicherlich noch vieles fragen!

Freitag, 23. Mai 2008, Binzwangen

Gespräch mit dem Stallgeist im Pensionsstall der Familie D.

Vier Tage Reise – davon ein Ruhetag – und eine sehr kalte Nacht im Heu liegen schon hinter uns. Heute sind wir durch viele langweilige kleine Orte gekommen und einem sehr öden Fahrradweg gefolgt. Dafür wurden wir vom Herrn des Hofes ausgesprochen freundlich empfangen. Eigentlich hat der weißhaarige Herr einen Hexenschuß und soll sich laut seiner Frau ausruhen. Aber als er uns eigenhändig Futter für die Pferde bringt, legt er seine Krücken auf die Schubkarre und schiebt sie vor sich her. Am Abend sitzen Aurelia und ich im sogenannten Reiterstüble und unterhalten uns mit dem Stallgeist, bevor wir uns auf dem Gang vor der Sattelkammer die Zähne putzen und nach einem letzten Blick auf die Pferde schlafen gehen.

Er ist fast menschengroß, rot-braun, schmal, beweglich, mit einer Mütze, deren Zipfel lang nach unten hängt.

Guten Abend, ich denke, es ist nicht zu übersehen, daß wir Wanderreiter sind... Kannst Du uns etwas über Deine Aufgaben hier auf dem Hof erzählen?

Ich sorge hauptsächlich für die Pferde, stelle Harmonie und Stabilität zwischen den einzelnen Tieren her, und ich stärke die Pferde für den Umgang mit den Menschen. Das mache ich, indem ich Kräfte der Natur, der Jahreszeiten z.B., in den Stall fließen lasse und den Pferden helfe, diese zu ihrer Stärkung aufzunehmen. Dadurch schwingen sich alle Herdenmitglieder auf eine Ebene ein. Die Menschen nehmen diese Schwingung von den Pferden an, für sie muß ich nicht viel tun.

Nur im Reitunterricht, den ich auch unterstütze, kümmere ich mich auch mal um die Übereinstimmung eines bestimmten Pferd-Reiter-Paares. Ich helfe auch den Hofbetreibern, einen guten Zusammenklang zwischen Pferden, Menschen, den einzelnen

Gebäuden usw. herzustellen, indem ich alle Energien immer wieder miteinander vermische.

Kannst Du etwas über die Bedeutung dieses Hofes für die Umgebung oder den Einfluß der Landschaft auf solche Menschengruppen sagen?

Die Nähe der Donau macht, daß Konflikte zwischen den Menschen eher klein bleiben und vieles reibungslos davongespült wird, was anderswo zu großen Spannungen führen würde.

Die Menschen hier sind besonders ausgeglichen und unbeschwert. Andererseits gibt es auch wenig Beständigkeit in der Bildung von Menschengruppen, sie verändern sich ständig sehr stark in ihrer Zusammensetzung, alles fließt sozusagen. Daher bildet eine solche feste Reitertruppe wie auf diesem Hof einen ausgleichenden Ruhepol zu den eher unsteten Energien der Gegend. Der Hof, der in dieser Weise schon eine ganze Weile besteht, strahlt vor allem für die Menschen der Umgebung Ruhe und Festigkeit aus, wie ein Ankerpunkt. In seinem Umkreis bilden sich daher leichter solche konstanten Gruppierungen als anderswo, so wie sich in einem Fluß an einer vorhandenen Insel viele weitere aus Schwemmgut ansammeln und ausbreiten. Wenn Du dazu kommst, sprich doch einmal mit Flußgeistern darüber.

Vielen Dank, daß wir in Deinem Stall übernachten dürfen, es gefällt uns wirklich sehr gut hier!

Lächelt und zieht sich zurück in den Stall.

Sonntag, 25. Mai 2008, Zwiefalten auf der Schwäbischen Alb

Gespräch mit dem Landschaftshüter der Schwäbischen Alb

Heute bin ich früh aufgestanden und sitze auf einem Baumstamm neben dem Pferdeunterstand, um die Ruhe des Morgens für ein Gespräch zu nutzen, bevor wir im Verlauf des Vormittags weiterreiten. Die nebelfrische Landschaft der Schwäbischen Alb liegt mir in all ihrer grünen Sanftheit mit all ihren Hügeln, steilen Hängen und runden Talkesseln zu Füßen. Der Landschaftshüter erscheint.

Guten Morgen, ich möchte mit Dir über Deine Landschaft sprechen, um anderen Menschen davon zu erzählen. Darf ich Dich beschreiben?

Er überlegt, wandert ein bißchen hin und her und nickt schließlich. Er ist etwa menschengroß, fein, etwas ausgebreitet, die Farben Grün und Gelb fließen in seinem Gewand, die Augen blicken wach und gütig. Es geht etwas unglaublich Sanftes von ihm aus, für mich wie ein feines hohes Klingen erlebbar.

Kannst Du mir erzählen, wie diese Landschaft entstanden ist?

Es gab hier ein weites Meer, urgewaltig und lebendig, das sich irgendwann zurückzog und seine Spuren hinterließ. Alles, was das Meer mit sich getragen hatte, sank auf den Boden und wurde später von großen Erdbewegungen aufgeschoben zu dieser Hügellandschaft. Menschen liebten diese Gegend, denn sie spürten die Kraft und Weite des Meeres in ihr. Über recht lange Zeit lebten sie hier und veränderten das Gesicht der Landschaft; vor allem der Wald wuchs und verschwand immer wieder im Wechsel.

Welche Art von Menschen formt diese Landschaft?

Die Menschen, die hier leben, nehmen die Weite und sanfte Beweglichkeit der Landschaft auf. Es sind Menschen, die zufrieden sein können, die gelernt haben, zu verweilen. Sie sind erfüllt von Ruhe und Beständigkeit, sie ändern die Dinge sorgfältig und langsam und sind sich selber und ihrem Lebensort oft sehr treu. Dementsprechend verändern sie diese Landschaft auch nur sehr langsam und in kleinen Schritten, sie pflegen die Kulturbereiche, die sie sich zu eigen gemacht haben, und lassen die Wälder weitgehend unberührt. Es schwingt deshalb eine große Stille über dieser Landschaft, weil sie vor allem mit Wachstum und weniger mit verletzenden heftigen Veränderungen zu arbeiten hat.

Welche Aufgabe hat denn diese Landschaft im Zusammenhang mit ganz Deutschland, welcher Zukunftsimpuls lebt in ihr?

Sie trägt noch immer die Kraft des Meeres in sich, die sich aber mit Hilfe der Menschen in Zukunft in die Kraft des Ausgleiches, des Atems verwandeln wird. Das bedeutet, daß es die Aufgabe dieser Landschaft ist und sein wird, in ihrer Ruhe und Stetigkeit zu allen schnellen Entwicklungen, die in anderen Teilen des Landes stattfinden, ein Gegenpol, ein ruhendes, haltendes Gegengewicht zu sein.

Es werden in Zukunft eher weniger als mehr Menschen hier leben, denn diese Stille und Gleichförmigkeit halten nicht viele Menschen der heutigen Zeit aus. Aber ihre Aufgabe wird sie trotzdem erfüllen, die Landschaft, die ihr Schwäbische Alb nennt. Wie das Wasser immer den Ausgleich zu den Kräften der Schwere sucht, wie das Meer die Energien von Land zu Land mit Ebbe und Flut im Gleichgewicht schwingen läßt, so ist diese Landschaft wie ein Gleichgewichtsorgan für Deutschland, das durch sein Dasein alles ausgleicht, was anderswo ins Ungleichgewicht geraten ist.

Wie kann ein so kleines Gebiet eine so große Aufgabe für ein so unruhiges Land erfüllen?

Die Schwäbische Alb nimmt viele Kräfte des Mondes auf, die sie in der Erde an andere Gegenden weitergibt und die sie ausstrahlen kann für die sie umgebenden Landstriche. Sie ist sozusagen eine Mondenlandschaft, ihr rhythmischer Aufbau mit einem harmonischen Wechsel von Wiese-Wald, aufsteigend-absteigend, bewohnt-unbewohnt erzählt davon. Die Kraft einer Landschaft ergibt sich nicht aus ihrer Größe, sondern aus der Konzentration ihrer Energie. Schau, das Gleichgewichtsorgan im menschlichen Körper ist auch winzig klein und verhilft doch durch Ausgleich der Kräfte im gesamten Körper zu aufrechtem Gang.

Was können Menschen, die hier leben, für diese Landschaft tun?

Sorgfältig, achtsam ihre Felder pflegen, behutsam ihre Häuser und Straßen bauen, nur so viel verändern wie nötig, so viel in Ruhe lassen wie möglich. Saubere Luft und sauberes Wasser sollten auch weiterhin hier vorhanden sein. Diese Landschaft braucht eine große Behutsamkeit. Die Menschen sollten den Rhythmus, den Flickenteppich, den diese Landschaft bildet, vorsichtig unterstützen, denn durch die Kultivierung des Bodens erhält sich dieser. Um mal ein Menschenwort zu gebrauchen: Renaturierung würde ich vorschlagen an den wenigen Stellen, wo es nötig ist. – *Unterbrechung* –

Entschuldigung, warst Du fertig, oder möchtest Du den Menschen noch etwas ganz Bestimmtes mitteilen?

Ich möchte sagen: Bleibt selber im Gleichgewicht, ihr Menschen. Entsorgt euren Müll so, daß er niemandem schadet. Erhaltet euch eine natürliche Leichtigkeit und Gelassenheit. Wenn ihr dieses von meiner Landschaft aufnehmen und in euch lebendig machen könnt, dann seid ihr selber die stärksten Gegengewichte gegen die Unruhe eurer Zeit.

Danke sehr, es hat mich sehr gefreut, Dir begegnet zu sein, und Deine Landschaft hat mir gutgetan. Ich werde mich oft daran erinnern.

Strahlt, lächelt, wird ganz hell und leicht und entzieht sich, zieht sich zurück.

Samstag, 31. Mai 2008, Waldstetten bei Weilerstoffel

Gespräch mit den Baumgeistern zweier Linden in der Ost-Schwäbischen Alb

Wieder sind wir bei Bauersleuten untergekommen. Hinter uns liegt ein langer heißer Tag mit viel Asphalt und Umwegen, eine Nacht im Heu auf einem sehr zweifelhaft und fast schon tierschutzwidrig geführten Hof. Die Stimmung ist dort eigenartig kühl, und die Pferde stehen zu mehreren in unausgemisteten dunklen Boxen. Aber die unseren dürfen zum Glück auf die Weide.
Weiter geht es durch die Hügel und Talkessel der Schwäbischen Alb. Eine Nacht verbringen wir im Traktorschuppen. Und eine in einem extrem schmutzigen Zimmer auf einem in der Auflösung befindlichen Hof zweier ehemaliger Turnierreiter. Die Pferde dürfen immer auf die Weide, sie werden mit jedem Tag sicherer und routinierter, auch im Straßenverkehr.
Dies ist Aurelias letzte Station, bevor sie mit ihrem Pferd von unseren Eltern abgeholt wird. Heute sind wir eine kurze Strecke durch ein stilles grünes Tal geritten. Nun sitzen wir auf einer Bank etwas abseits des Hofes und unterhalten uns, solange es geht, mit den beiden Baumgeistern vor den herannahenden Wolkenbergen eines Gewitters.

Sie stehen rechts und links von einem Wegkreuz, beide sind zwischen 80 und 100 Jahre alt.

Guten Tag, darf ich mit euch sprechen?

Bewegen sich, der eine eher männlicher, die andere eher weiblicher Gestalt, hellgrünes Gewand, große, tiefe Augen schauen herüber. Neugierig, gelassen-interessiert.

Erzählt mir von euren Aufgaben.

Ursprünglich wurden diese Bäume hierhergepflanzt, damit sie einen Ort der Kraft und der Ruhe hüten sollten. Ein solcher Ort ergibt sich aus vielerlei Einflüssen, hier ist es unter anderem das Zusammenspiel von Wasser, Sonne, Berg und Wind. An einem solchen Ort spürten die Menschen noch vor wenigen Jahrzehnten die Lebendigkeit der Natur und stellten ein Kruzifix am Weg auf, um auf dieses „Tor" zu einem anderen Verständnis der Natur aufmerksam zu machen. Zudem haben wir hier eine ganz besondere Lage: Hier fließt ein Bach, und außerdem gabelt sich der Weg, ein Teil führt bergauf, der andere bergab.

Für die früheren Menschen war an jeder Weggabelung die dort anwesende Energie der Entscheidung und der Freiheit erlebbar, hier zumal unterstützt durch das Wasser, das auch Neuanfangskraft in sich trägt. Du bist auf der Reise – nicht wahr? Achte mal an jeder Weggabelung darauf, wie Du Dich fühlst... Die Menschen sahen einst in jeder Weggabelung ein Symbol für die Entscheidungssituationen in ihrem Leben. Und da diese Verantwortung und Erdenschwere mit sich bringen, baten sie hierfür den Christus um Unterstützung und brachten als Erinnerung daran diese Kruzifixe an.

Welche Bedeutung hatten denn die Wegkreuzungen?

An einer Wegkreuzung leben Kräfte der Begegnung und des Austausches, manchmal auch der Auseinandersetzung. Sie symbolisieren sowohl die zwischenmenschliche als auch die Begegnung der Menschen mit der geistigen Welt. Wegkreuzungen sind Orte größter Freiheit, aber auch Orte größten Zwiespalts. Es kann hier jede Richtung eingeschlagen werden. Es sind Momente, in denen sich Türen öffnen, Wege finden lassen, aber ebenso auch große Entwicklungsmöglichkeiten übersehen und Konflikte im Inneren wie im Äußeren entstehen können.

Du meinst, wir sprechen den Menschen zu abstrakt... Laß es uns so sagen: Man kann durch die Begegnung mit einer anderen Kraft – menschlich oder nicht – sehr viel lernen, über sich und die Welt. Würdet ihr es so sagen? Es könnte eine Begegnung, ein Wendepunkt sein im Leben eines Menschen – aber ebenso auch ein Reibungspunkt oder ein Moment, in dem er etwas Wichtiges übersieht. Also, man sieht, man kann sich an jeder Wegkreuzung fragen: Was soll ich hier lernen, worauf soll ich achten? Dann fällt es den Menschen auch an ihren Lebens-Wegkreuzungen leichter, das Richtige zu bemerken und zu tun.

Frage von Aurelia: Wirkt das Kruzifix an der Wegkreuzung auch auf die „Wegkreuzungen“ des Lebens?

Ja, es hilft, Vertrauen und Achtsamkeit für diese Wegkreuzungen zu entwickeln und sich in prägnanten Situationen leichter mit der Christuskraft zu verbinden.

Warum stehen an dieser Kreuzung ausgerechnet zwei Linden?

Weil sie der Kraft des Ortes am besten gerecht werden. Diese Weggabelung trägt Sonnenkraft in sich, also Entscheidungskraft mit Feuercharakter. Es ist eine Gabelung für große und schnell zu fällende Entscheidungen, bei denen sich der Mensch nur wenig auf äußere Hinweise, als vielmehr auf seine Intuition verlassen muß. Die Linden sind Sonnenbäume, sie können dies also gut unterstützen.

Frage von Aurelia: Früher waren Linden doch auch Bäume, unter denen Gericht gehalten wurde – sind sie also besondere Bäume der Entscheidung?

Ja, Linden mit der Sonnenkraft stehen auch für Klarheit, Realitätssinn und Gerechtigkeit. Sie galten früher auch als Bäume der höchsten Gottheit, unter denen die Verbindung zu dieser am leichtesten herzustellen war und also Urteile mit größtmöglicher Gerechtigkeit und Richtigkeit gefällt werden konnten. Daher stehen sie auch neben einem Kruzifix.

Was kann ich für meinen Weg durch Deutschland an Wegkreuzungen und -gabelungen lernen?

Nimm die Energie des jeweiligen Ortes wahr und versuche, die Qualität der entsprechenden Entscheidungs- und Begegnungsmöglichkeit zu erfahren. Wie Du Dir denken kannst, gibt es auch Wegkreuzungen bzw. -gabelungen mit der Kraft der anderen sechs Planeten, jedesmal ist etwas anderes gefordert. Dies erkennt man gut an den Bäumen, die dort wachsen.

Dies nur zur Orientierung:

Mondgabelungen haben mit wiederkehrenden Entscheidungen zu tun, mit der Frage: Will ich es so lassen, oder will ich etwas ändern? Sie werden oft gehütet von Weidenbäumen.

Marsgabelungen: Eichenbäume – Durchsetzungskraft, Standvermögen.

Merkur bringt eine große Vielfalt an Möglichkeiten, die Silberpappel ist sein Baum. Solche Gabelungen sind selten, sie werden im Leben dem gegeben, dem alle Türen offenstehen.

Eine *Jupitergabelung* erkennt man an Ahorn- und Kastanienbäumen. Hier lebt die Kraft von Entscheidungen, die Soziales und Familie betreffen.

An *Venusgabelungen* stehen oft Birken, sie unterstützen Entscheidungen des Lebens und des Todes, oder einfacher gesagt: der Lebensaufgabe und des Verhältnisses zur Welt.

Wenn Du an eine Gabelung mit Nadelbäumen kommst, so ist dies ein Ort der *Saturnkräfte*. Die Entscheidungen, die hier unterstützt werden, sind solche, die über lange Zeit heranreifen und mit großer Umsicht getroffen werden sollten. Sie betreffen vor allem die Selbstreflexion und die Selbstschulung.

Vielen Dank, das war sehr viel und sehr wertvoll. Es fängt jetzt an zu regnen und zu gewittern. Ich denke, wir müssen gehen, da wir aus anderem Holz geschnitzt sind als ihr...

Sie nicken, wiegen sich, lächeln weise, wenden sich ab. Es fängt an zu regnen.

Dienstag, 3. Juni 2008, bei Abtsgmünd

Gespräch mit dem Hausgeist vom Kocherhof

Wieder sind wir bei Bauersleuten untergekommen. Hinter uns liegt ein langer heißer Tag mit viel Asphalt und Umwegen, eine Nacht im Heu auf einem sehr zweifelhaft und fast schon tierschutzwidrig geführten Hof. Die Stimmung ist dort eigenartig kühl, und die Pferde stehen zu mehreren in unausgemisteten dunklen Boxen. Aber die unseren dürfen zum Glück auf die Weide.
Weiter geht es durch die Hügel und Talkessel der Schwäbischen Alb. Eine Nacht verbringen wir im Traktorschuppen. Und eine in einem extrem schmutzigen Zimmer auf einem in der Auflösung befindlichen Hof zweier ehemaliger Turnierreiter. Die Pferde dürfen immer auf die Weide, sie werden mit jedem Tag sicherer und routinierter, auch im Straßenverkehr.
Dies ist Aurelias letzte Station, bevor sie mit ihrem Pferd von unseren Eltern abgeholt wird. Heute sind wir eine kurze Strecke durch ein stilles grünes Tal geritten. Nun sitzen wir auf einer Bank etwas abseits des Hofes und unterhalten uns, solange es geht, mit den beiden Baumgeistern vor den herannahenden Wolkenbergen eines Gewitters.

Entschuldige bitte, ich habe Dich noch gar nicht gefragt, ob Du mit mir reden willst. Würdest Du mir ein paar Fragen zum Haus und zu den Menschen der Gegend beantworten?

Steht vor meinem Zimmer im Flur.

Komm nur herein...

Ich mag das Zimmer nicht, komm Du heraus, dann können wir reden.

Welche Räume magst Du denn besonders im Haus, vielleicht können wir uns dort unterhalten?

Die Waschküche! Aber ich weiß nicht, ob Dir das nicht zu peinlich ist, Dich mit Schreibzeug in die Waschküche zu setzen…

Ich glaube, da hast Du recht. Wie wäre es mit der Küche?

In Ordnung, aber da könnten wir unterbrochen werden, sei also nachher nicht genervt.

Ich gehe in die Küche, der Hausgeist kommt mit. Er ist jetzt zum ersten Mal richtig zu sehen. Er ist gut zwei Meter groß, sehr deutliche menschenartige Gestalt, die Farbe Blau im Gewand, eine rötliche „Tomte-Mütze", ausgeprägtes Gesicht mit langem braunem Bart und eindringlichen ruhigen Augen.

Möchtest Du etwas über Dich erzählen, und darf ich Dich nach Deinem Namen fragen?

Ich heiße Olmart, Du hast richtig gehört, es ist ein Name, der wie ein Menschenname klingt, aber nie von einem Menschen getragen wurde. Ich entstamme dem Element Erde, meine Bereiche waren die Mineralien und auch eine Zeitlang die Humuserde… – Achtung, wir werden unterbrochen! – *Ein Hausbewohner kommt herein und sagt gute Nacht.* Ich habe schon lange Zeit, bevor ich Hausgeist wurde, zu dieser Landschaft gehört.

Erzähl mir etwas über dieses Haus. Wie alt ist es? Welche Menschen haben hier gewohnt? Warum ist das hier ein anscheinend so guter, konfliktarmer Ort, und wie kommt es, daß hier trotz allem die Welt so harmonisch und heil aussieht?

Jetzt bin ich aber wieder dran. Nicht denken, zuhören!! Das Haus wurde von Menschen gebaut, die noch nichts von der Welt wußten, in der wir jetzt leben. Es waren einmal ein fröhlicher wohlhabender junger Gutsherr und eine fröhliche wohlhabende junge Gutsherrentochter. Sie sangen den ganzen Tag, bei der Arbeit auf dem Feld und im Garten, im Haus und im Stall. Und am Festtag, da sangen sie nicht nur, da tanzten sie mit allen anderen fröhlichen Menschen im Tal, daß die bunten Tücher und Röcke nur so wirbelten und die Sohlen ihrer Sonntagsschuhe klapperten und trommelten auf der

Tanzfläche unter der Dorflinde. Der Gutsherr und die Gutsherrentochter liebten sich und bauten ein Haus für ihr Leben und ihre Kinder, mit ihrer Mitgift und seiner Arbeit. Es dauerte ein Weilchen, denn es wurde ein großes Haus mit einem großen Stall und einer großen Scheune. Aber da viele Freunde mithalfen, ging es schnell genug, daß sie noch einziehen konnten, bevor das erste Kindlein geboren wurde. Fünf Kinder kamen hier zur Welt, und es wurde noch fröhlicher im Haus, alle hatten genug zu essen, die Mägde und Knechte mußten nicht jammern und stehlen, sie hatten es schön bei der Gutsherrenfamilie. Im Stall standen runde kräftige Kühe und Pferde, und auf den Äckern gedieh das Korn und das Gemüse so gut, daß jedes der Kinder, als es auszog in die Welt, ein gutes Auskommen mitnehmen konnte.

Es ist ein guter Anfang von einer schönen Geschichte. In diesem Haus wurde öfter gesungen als gestritten und weniger gefroren und gehungert als gearbeitet und gefeiert. Und warum das so war, und warum es immer noch oder immer wieder so ist – das kommt daher, daß dies ein von Natur gesegneter Ort ist, den Menschen weise und mit der Kraft ihrer Herzen zu einem Heim gemacht haben für alle, die hier wohnen wollten, seien es Menschen, Tiere oder Naturwesen. Alle wurden hier willkommen geheißen. Ja, so hat es sich zugetragen.

Ich kann kaum glauben, daß es so etwas auf der Welt gegeben hat, es kommt mir fast zu schön vor.

Das gibt es tatsächlich, Du bist es nur nicht gewohnt. Sieh mal, natürlich waren die Gutsherrentochter und der Gutsherr auch mal schlecht gelaunt, es gab auch Tage, an denen alles schwierig war. Aber weil hier ein so guter Wind wehte und weil die Feen diesen Ort gesegnet hatten, ihn hüteten und hüten, erinnerten sich die Menschen am Ende ihres Lebens vor allem an die guten Tage in diesem Haus, und sie würden Dir die Geschichte genauso erzählen, wie ich sie Dir erzählt habe, denn das ist ihre Wahrheit.

Ist es denn nicht auch eine besondere Eigenschaft der Menschen, die hier in dieser Landschaft wohnen, daß sie ganz besonders zufrieden und ausgeglichen sind und sich besonders intensiv mit dem Ort verbinden, an dem sie

leben? – Moment mal: Warum stört es mich eigentlich nicht, daß ich hier ständig gestört werde?

Es ist ja sehr löblich, daß Du so genau beobachtest, aber Dir fehlt ein wenig die innere Ruhe, meine Liebe, eines nach dem anderen, immer der Reihe nach. Das ist hier genauso wie im Leben, ein Ereignis folgt aus dem nächsten, und es hat keinen Sinn, irgend etwas festhalten oder hervorlocken zu wollen. Lebe lieber in der Gegenwart und meistere diese so gut wie möglich. Dadurch tust Du mehr für die Zukunft, die ja aus der Gegenwart erwächst, als wenn Du den Moment ständig außer acht läßt und statt dessen etwas zu greifen versuchst, was noch gar nicht vorhanden ist. Merk Dir das für Dein Leben, mein Kind, Du wirst damit fröhlicher und gesünder sein, als Du es jetzt bist. Jaaa, Du kannst gleich damit anfangen, ich beantworte dann Deine Fragen, wenn ich es für richtig halte. – *Pause* – Jetzt iß erstmal was, sonst kannst Du mir eh nicht richtig zuhören.

Gut, gut, alles klar, mach ich natürlich...

Also ich möchte gerne ein wenig über die Menschen der Schwäbischen Alb erfahren, wenn Du mir etwas erzählen wolltest.

Deine Beobachtung stimmt, die Menschen dieser Gegend sind alle sehr ortsverwurzelt, könnte man sagen. Die innere Gleichmäßigkeit und der Rhythmus der Landschaft bewirken, daß die Menschen innerlich sehr ausgeglichen werden und, obwohl sie an einem Ort verweilen, immer das Gefühl haben, genug von der Welt zu sehen. Oder: Da die Landschaft so gebaut ist, daß sie ständig Energien aus dem Umkreis an die Menschen heranträgt, bleiben sie gerne an einem Ort, dessen Energie sie aufnehmen und pflegen. Daher kommt es auch, daß noch so viele Familien generationenweise auf ihrem angestammten Hof leben und sich zufrieden geben mit dem, was sie am besten kennen.

Es sind aber natürlich auch andere Tendenzen vorhanden: Die Menschen sind recht unzugänglich für Neues, aus ihrem Bedürfnis nach Beständigkeit ergibt sich ein gewisses Mißtrauen allem Unbekannten gegenüber. Andererseits sind sie aufgrund ihrer Stabilität in der Lage, viel Unruhe zu kompensieren. Sie sind äußerst weichherzig, gastfreundlich und um das Wohlergehen ihrer Mitmenschen besorgt.

Und jetzt der Grund, warum Dich ein Mitsitzer am Tisch und sogar das Radio nicht stören: Dieses Haus hat so viel gesehen, so viel Leichtigkeit und Beweglichkeit aufgenommen, daß hier sozusagen ein System fest verankert ist, welches alle Energien, die entstehen, über ihre eigenen Wege abfließen läßt, so daß sie sich nicht gegenseitig reiben. Du findest Dich schon zurecht. Merkst Du, es entsteht kein Chaos, die Energien vermischen sich nicht, sie bleiben alle in ihren eigenen Bahnen, man kann jede einzeln finden und verfolgen. Auch das trägt zu der Harmonie zwischen den Menschen hier bei. Jeder hat genug Platz für sich, und es gibt keinen Energiestau zwischen den Bewohnern. Ich bin aber auch ganz zufrieden mit dem Grüppchen hier auf dem Hof. Sie haben zwar alle ihre Eigenheiten, aber sie sind frei und selbständig und achtsam mit sich selbst und untereinander.

Danke sehr für das Gespräch und für alles, was Du mir beibringen konntest. Darf ich Dich noch etwas Persönliches fragen – kannst Du mir sagen, ob Freiheit des einzelnen jemals schädlich sein kann für das Zusammenstimmen von mehreren Menschen?

Kein Problem. Übrigens sind alle Deine Fragen persönlich. Wenn Freiheit des einzelnen nicht mit Verantwortungslosigkeit einhergeht, sollte sie unbedingt Pflicht für jedes Mitglied einer Gruppe sein. Man muß es vielleicht noch anders sagen: Wenn jeder so viel gibt, wie er kann, und so viel nimmt, wie er braucht, dann befindet sich jeder in einem guten Gleichgewicht. Und aus Gleichgewicht entsteht Freiheit. Verstehst Du, warum?

Weil in diesem Zustand nichts ausgeglichen werden muß, nichts zwingen oder drängen kann. Wenn Balance besteht, bedeutet dies eine Nicht-Notwendigkeit zu beliebigen Handlungen und Gedanken, und erst daraus ergibt sich vollkommene Freiheit. Also, Freiheit nimmt man sich nicht so einfach, sondern man muß sie ermöglichen, mit Geduld und Feingefühl. Wenn man das Gefühl hat, Freiheit nehmen zu müssen, und sie nicht einfach da ist, dann muß man noch am zwischenmenschlichen Gleichgewicht feilen. Und das besteht dann, wenn Du – falls Du ein einigermaßen gesunder Mensch bist – einerseits das Gefühl hast, zufrieden sein zu können mit dem, was Du gerne oder auch mal ungern für andere getan hast – Du merkst das ja auch an ihrem Verhalten –, und andererseits selber gut bei Kräften und sortiert, also nicht ausgelaugt oder genervt bist. Probier 's aus, Du weißt, was ich meine.

Ja, ich denke, ich weiß, wie es sein müßte. Herzlichen Dank, Olmart. Ich werde sicher noch einmal sehr gut schlafen in Deinem Haus.

Samstag, 15. Juni 2008, Bischwind, Franken

Gespräch mit dem Hüter einer Marienverehrungskapelle

Diese Station hat es in sich; ich empfinde sie ein wenig wie eine erste Bewährungsprobe. Beschwind liegt im Steigerwald in der Nähe von Schweinfurt/Grafenrheinfeld. Der Weg hierher von der letzten Station war wunderschön, führte durch große alte Waldgebiete, war nicht zu hügelig, und es gab auch kaum Bremsen. Hier muß mein Pferd beschlagen werden. Jochen, der Schmied, ein ausgesprochen großer und kräftiger Mann mit eisernem Händedruck, Cowboystiefeln und Indianerband im Haar, beschlägt mit Engelsgeduld und liebevoller Hartnäckigkeit in sieben Stunden mein schwieriges, hufschmied-traumatisiertes Pferd.
Am nächsten Tag verstauche ich mir durch einen Pferdtritt – nicht den meines eigenen – den Arm. Ich muß nun meine Verletzung und einen beginnenden Satteldruck bei Hunter kurieren sowie einen neuen Sattel finden, der mit Gepäck besser sitzt als der alte. Das erste große Paket mit unnötigen bzw. verzichtbaren Gepäckstücken geht nach Hause, der Sattel findet sich, mein Arm heilt, und nach einer Woche Aufenthalt reite ich weiter. Bis dahin harre ich bei sehr schwierigen, seltsamen Gastgebern aus. Ich erhole mich von ihrem kontrollierenden Verhalten mir gegenüber, während ich die Gespräche mit der Deva führe. Sie lebt in der Kapelle auf einem Hügel außerhalb des Dorfes. Der Landschaftshüter kommt am Waldrand nahe der Kapelle zu mir.

Guten Abend, darf ich mit Dir sprechen?

Der Hüter ist eine Hüterin, eine Deva, und zeigt sich in Weiß-Blau-Violett, menschengroß, geflügelt.

Kannst Du mir über diese Kapelle erzählen? Die Legende sagt, daß ein Soldat sie aus Dankbarkeit erbaut habe, nachdem Engel sein Gebet erhört, ihn aus der Gefangenschaft hierher in sein Heimatdorf getragen und damit vor Folter und Tod gerettet hätten.

Es ist tatsächlich eine Dankbarkeits-Kapelle, aber die Menschen des Dorfes haben sie alle gemeinsam gebaut, nachdem ihre Männer auf eigenen Füßen, aber von Engeln geführt, heil aus dem Krieg nach Hause zurückgekehrt waren. Dies ist ein Kraftort der Erde, man konnte das in früheren Zeiten noch spüren. Es ist ein Ort, an welchem sich Marienkraft sammelt, in den Umkreis verteilt und ausströmt.

Sind die Menschen hier besonders mit der Marienkraft verbunden?

Es ist so: Diese Gegend war lange Zeit von Kelten und ähnlichen Völkern besiedelt. An solchen Orten in Europa lebt noch die Verehrung dieser früheren Völker für die Mutter Erde im Boden. Die Kelten empfanden die Kraft der Mutter Erde als eine der wichtigsten Urkräfte und pflegten sie sehr; daher trägt die Natur hier auch heute noch diese Mutter-Erde-Kräfte stark und lebendig in sich. Dies ist der Grund, weshalb in dieser Landschaft die Mutter Maria, die auch mit einigen Aspekten der Mutter-Erde-Kraft verbunden ist, seit der Einführung des Christentums von den hier lebenden Menschen so sehr verehrt wird. Und deswegen hüte ich auch diesen Ort der Marienverehrung.

Wir Devas sind Wesen der Lichtkräfte des Planeten Erde, die im Kosmos eine eher weibliche Kraft darstellen und also auch mit den weiblichen Mutter-Erde- und Marienkräften zusammenhängen. Siehst Du, Durch eine solche Kapelle konnten die Menschen die weiblichen Kräfte der Erde mit den eher männlichen Kräften des Himmels verbinden. Es wurde mit der Kapelle ein Ort geschaffen, an dem die Menschen ihre eigenen irdischen und himmlischen, weiblichen und männlichen und sonstigen gegensätzlichen Wesensaspekte in ein Gleichgewicht bringen konnten. Denn dieses Gleichgewicht herrscht hier – und natürlich auch in anderen Kirchen und Kapellen.

Kirchen drücken dieses Gleichgewicht der Gegensätze auch in ihrer Form aus: Der Turm strebt dem Himmel zu, dies ist eine zielgerichtete Kraft, die Glocke darin breitet ihren Klang in der gesamten Umgebung aus, es ist dies eine eher träumende, periphere Kraft. Das Kirchenschiff hat eine längliche, erdverbundene, aufnehmende Form, seine hohen Bogen, Fenster und Kuppeln öffnen ein

Tor nach oben, leiten Energien ein und aus. Kirchen waren also in früherer Zeit Orte, an denen ein Mensch seine Mitte, seinen Platz in dieser Welt und dem Kosmos finden konnte.

Siehst Du, wie harmonisch die Erd- und Himmelskräfte hier fließen, siehst Du, wie ausgeglichen das Helle und das Dunkle, das Schwere und das Leichte auf- und niedersteigen, siehst Du das Verweilende und das Fortstrebende, wie es sich zu den Seiten der Kirche hin ausgleicht, wie sich das Harte und das Weiche, das Wache und das Träumende die Waage halten? Und dies ist auch das Symbol des Kreuzes. Schau, dort, wo die beiden Hauptelemente der Kapelle zusammenstoßen, vor dem Altar zwischen Schiff und Turm, da entsteht ein Kreuz, da bildet sich die Christuskraft des vollkommenen Gleichgewichts und strahlt in die Welt hinaus. Und wenn hier ein ehrlicher reiner Gottesdienst gehalten wird, trägt dieses Kreuz der Kräfte den Segen der Kommunion in den Umkreis der Kapelle, und er wirkt auf alle Wesen, die dort leben.

Ein Gottesdienst an einem solchen Ort ist auch zugleich ein Akt der Segnung allen ihn umgebenden Lebens. Auch ist die Kirche – oder war es – ein Ort der Begegnung mit der geistigen Welt, insbesondere für die Menschen des Mittelalters, die in ihrem Alltag mehr und mehr andere, irdische, harte Kräfte entwickelten. Siehst Du, wenn man sich in vollkommenem Gleichgewicht befindet, dann kann man mit allem harmonisch schwingen, was einen umgibt, ohne aus der eigenen Mitte geworfen zu werden. So also konnten die Menschen hier Begegnungen mit und Wahrnehmungen von der geistigen Welt haben, ohne daß sie überwältigt wurden und ohne daß es sie Kraft kostete.

Soll ich Dir noch etwas erzählen? – *Sie antwortet auf Gedanken und Fragen meinerseits, die ich seit einigen Tagen bewege und die daher für sie sichtbar sind.* –

Christus ist auch der Träger der vollkommenen Freiheit. Aber Freiheit ist eine Folge von vollkommenem Gleichgewicht. Schau, wenn etwas in vollkommenem Gleichgewicht – beweglich und stabil zugleich – sich in der Schwebe befindet, dann ergibt sich die Freiheit von selbst. Verstehst Du, warum? Weil es dann keine Kräfte mehr gibt, denen man nachgeben müßte, die irgend etwas hervorrufen, fordern, zwingen könnten. Wenn zwei Waagschalen ausgeglichen sind, kann ihnen die Schwerkraft nichts mehr anhaben. Daher achte immer darauf, daß Du im Gleichgewicht bist – die Freiheit ist dann einfach da. Freiheit muß sich niemand erkämpfen, sie steht jedem Menschen zur Verfügung – das dafür nötige Gleichgewicht zu schaffen, das ist die eigentliche Aufgabe der Menschen.

Das Gleichgewicht – man könnte vielleicht auch sagen, die Harmonie – ist der Weg der Menschen zur Freiheit und damit zur Christuskraft. Wenn Du Dich unfrei fühlst, frage Dich nicht: Was sperrt mich ein? – sondern: Was ist in mir im Ungleichgewicht und kann mich daher beeinflussen? Früher half es den Menschen, in eine Kirche zu gehen, um in diesem Raum der Ausgeglichenheit auch ihr eigenes Gleichgewicht wiederzufinden. Heute ist es schon anspruchsvoller. Das Gleichgewicht in Räumen wie dieser Kapelle hilft den Menschen nur dann, wenn sie sich bewußt darum bemühen. Es überträgt sich nicht mehr einfach, man muß den Zugang erst selber finden.

Merkst Du, wie diese Kapelle auch ein Ort der Freiheit ist? Merkst Du, wie jemandem, der im Gleichgewicht ist, hier alle Tore und Wege offenstehen? Kirchen können wahrhaft Orte der Christuskraft sein, an denen ihre Aspekte des Gleichgewichts und der Freiheit hergestellt sind, die zu erlernen für die Menschen dieser Zeit wichtig sind.

Ich liebe diesen Ort, ich hüte ihn gern, ich helfe den Menschen, die sich dafür öffnen, hier zu sich selber, zu ihrer Mitte, zu ihrer Freiheit zu finden. Sie haben dann das Gefühl, gestärkt und durchlichtet fortzugehen, mit der Sicherheit, daß sie alle ihre Ziele erreichen werden.

Es wird wieder eine Zeit kommen, in der die Menschen den Schatz ihrer Gotteshäuser erkennen und viel weiser und bewußter werden nutzen können, als sie es jemals konnten. Auch eine solche kleine, unauffällige Kapelle wie diese hier, wird wieder eine ganz neue Bedeutung haben. Es ist gut, daß sie auf freiem Feld steht, so kann sich die Kraft des Ortes viel leichter entwickeln und ausbreiten, ohne daß sie von Menschen, die den Ort nicht verstehen, zu sehr gestört wird. Du mußt jetzt gehen, es wird gleich einen Gottesdienst geben, und ich will die Kapelle in Stille vorbereiten.

Vielen Dank, daß ich von Dir lernen durfte. Hast Du alles gesagt, was Du sagen wolltest?

Ja. Schön, daß Du mir zugehört hast.

Der Pfarrer kommt herein, die Deva zieht sich zurück und beginnt, die Energien im Raum sachte zum Schwingen zu bringen.

Dienstag, 17. Juni 2008, Bischwind

Gespräch mit dem Landschaftshüter vom Steigerwald (Franken)

Lieber Landschaftshüter, Du weißt wahrscheinlich, daß ich mit Dir sprechen möchte. Darf ich Dich zu Deiner Landschaft etwas fragen und Dich anderen Menschen beschreiben?

Er steht vor mir, etwas größer als ein Mensch, eine klare, kräftige Gestalt in den Farben Dunkelgrün, Graugrün, Braungelb, die Grüntöne eher im unteren Bereich der Gestalt. Dort sind etwas wie zwei Beine zu sehen. Das Braungelb breitet sich, immer heller werdend, Richtung Kopf hin aus. Interessierter bewegter Blick, deutliche knorrige Hände. Er schaut mich an und wartet ab.

Ich weiß, daß in dieser Landschaft lange Zeit das Volk der Kelten gelebt hat. Könntest und möchtest Du darüber etwas erzählen?

Ich erzähle Dir zuerst lieber etwas über den Boden und die Pflanzen dieser Landschaft. Es gibt hier sehr viel Sandstein, und die Häuser der Gegend sind daher auch aus diesem Material. Der Sandstein ist ein besonderer Stein, der viel erzählen kann. Er ist angefüllt einerseits mit den Kräften der Pflanzen- und Tierstoffe, die in ihm enthalten sind, andererseits mit der Schwingung des Wassers, das ihn zerrieben und gepreßt hat. Es ist einerseits ein leichter Boden, der im Wind davonfliegt, kein Wasser und keine Wärme festhält. Aber andererseits nimmt er durch seine Weichheit die Spuren der Zeit sehr leicht auf. Du siehst, er ist voller Widersprüche: Einerseits bewahrt er die Vergangenheit, andererseits verändert er sich ständig durch neue Einflüsse. Einerseits beinhaltet er viele verschiedene Kräfte, andererseits läßt er alle Elemente ganz leicht durch sich hindurch.

Daher wachsen hier im Steigerwald besonders viele Eichen. Dieser Baum hat so lange Wurzeln, daß er das Wasser auch noch tief unten in der Erde erreicht. Außerdem steht er so fest auf dem weichen beweglichen Sandboden. Die Eiche ist ein in sich sehr starker fester Baum, der sozusagen ein recht eigenständiges Leben führt und dem daher die Unbeständigkeit des Sandsteins nicht viel anhaben kann. Daß im Sand aber auch viele vorübergehende Einflüsse gespeichert bleiben, kommt wiederum der Zähigkeit und Langsamkeit der Eiche entgegen. Die Eiche ist ein Baum, der sich gut mit dem Sandstein arrangiert. Sie gewinnt aus ihm die Kräfte des Speicherns und der Dauerhaftigkeit, die sie zum Wachsen braucht.

Wie haben sich die früher hier lebenden Kelten in die Landschaft eingefügt, wie haben sie auf die Landschaft gewirkt?

Die Kelten haben natürlich anders auf die Landschaft gewirkt als die heutigen Menschen; weniger materiell, könnte man sagen, obwohl sie auch durch Ackerbau und Viehzucht zum Teil kleinere Wald-Wiesen-Landschaften prägten. Hauptsächlich wirkten aber die Kelten mit ihrer Kultur auf die Lebenskräfte der Landschaft und dies, wie Du Dir denken kannst, zum Teil positiv, zum Teil negativ.

Die Eiche war den Kelten ein heiliger Baum. Die äußerst seltene Eichenmistel benutzten sie zu sakralen Zwecken, und über den Blitz, der oftmals in eine Eiche einschlägt, vermochten sie die Sprache ihres Gottes – beziehungsweise des damaligen Volksgeistes – zu verstehen. Mit ihrer Religion und ihren Kulten konnten diese Menschen – wie es heute natürlich auch möglich wäre, aber damals war es richtiger und den damaligen Menschen angemessen – die sie umgebende Natur formen, indem sie die Lebenskräfte auf ganz bestimmte Art und Weise lenkten. Sie schufen sich so ihre Lebens- und Kulturräume in ihrer Landschaft, sowohl im Bereich der Lebenskräfte als auch ganz äußerlich-physisch gesehen.

Zum Beispiel wurde das Holz der Eiche für religiöse Rituale und ähnliche besondere Anlässe nicht immer von der Hand des Menschen geschlagen, da dies die Bäume entweiht und ihnen die natürlichen Kräfte genommen hätte. Statt dessen baten die Menschen Sturm und Blitz, den entsprechenden Baum zu fällen, um nicht selber Hand anlegen zu müssen und das Holz dadurch für heilige Zwecke nutzlos zu machen. Die Kelten verstanden sich zum Teil so gut darauf, daß sie auf diese Weise Lichtungen und Gehölze für ihre Heiligtümer entstehen lassen konnten, ohne äußerlich in die Abläufe und damit in die ursprünglichen Kräfte der Natur eingreifen zu müssen.

Du ahnst es schon: Zu ganz bestimmten Zwecken und in ganz besonderen Zeiten an ganz besonderen Orten konnten sie sogar die rätselhaften Steinkreise mit recht wenig nachhelfender Handarbeit aufstellen, indem sie die vorhandenen Natur- und Lebenskräfte des Ortes formten. Die beiden gegensätzlichen Kräfte des Bewahrens und der Wandlung, die der Sandstein besitzt, kamen ihnen dabei in dieser Gegend zugute.

Wie prägt diese Landschaft die heutigen Menschen?

Die Menschen heute, die ja oftmals in einem von vielem Wechsel und hohem Tempo gebeutelten Leben zurechtkommen müssen, haben es manchmal schwer, in dieser Landschaft zur Ruhe zu kommen, wenn ihnen der eigene Mittelpunkt fehlt. Menschen, die hier für längere Zeit leben, entwickeln daher in ihrem Lebensrhythmus und in ihren Lebensansichten eine ganz eigene Flexibilität. Durch die Eigenschaften des Sandes werden sie dazu gebracht, sich immer in kleinen, schnell abgeschlossenen Intervallen zu entwickeln. So geben sie niemals zuviel auf einmal von sich preis und speichern dadurch, wie die Eiche, möglichst alles, was ihnen widerfährt. Ihre Art, mit Neuem umzugehen, ist daher etwas ruckartig, in kleinen, für sich jeweils abgeschlossenen Schritten. Dies rührt eben daher, daß ja die Energie des Sandes nichts festhält, sondern nur Eindrücke speichert, die unter Druck und Abgeschlossenheit wirken können. Liegt der Sand offen, verflüchtigt sich die Spur darin sehr schnell wieder.

Den Menschen hier ist also eine gewisse umsichtige Langsamkeit zu eigen. Man muß ein wenig Geduld mit ihnen haben und darf sich nicht zu schnell abwenden. Andererseits sind sie selbst sehr geduldig und beständig – in Freundschaften z.B., wenn sie die Möglichkeit hatten, diese auf ihre Art in Ruhe und mit Sorgfalt anzulegen. Ansonsten verflüchtigen sich neue Eindrücke spurlos und recht schnell, wie beim Sand.

Hat diese Landschaft eine bestimmte Aufgabe in der Zukunft für Deutschland?

Es wird noch ein Weilchen dauern, aber natürlich wird es zukünftig bestimmte Aufgaben geben für diese Landschaft. Du möchtest, daß ich mit dem menschlichen Körper vergleiche... – vielleicht könnte man so sagen (obwohl es etwas schwierig ist): Diese Landschaft entspricht all jenen Kräften im menschlichen Körper, die mit Erneuerung und Abbau zu tun haben. So wie bestimmte Bestandteile des Körpers – wie etwa Haut, Haare, Knochen, Nägel, Zähne – eine gewisse Zeit brauchen, um zu wachsen und sich zu erneuern, und bei ihrem Abbau die Eindrücke preisgeben, die auf den Körper gewirkt haben, könnte diese Landschaft eine Art Spiegel sein für die Vorgänge im Land und ihre Auswirkungen auf dasselbe.

Außerdem wird dies ein Ort sein, an dem gleichzeitig die Kraft lebt, Nützliches immer wieder zu erneuern und Unbrauchbares abzubauen. Also sagen wir: Diese Landschaft hat die Aufgabe, Wesentliches sichtbar zu machen und für die Zukunft zu speichern.

Ich danke dir für das interessante Gespräch!

Gib es weiter. Du hast vergessen, nach meiner Botschaft an die Menschen zu fragen. Dies ist sie: Wenn ihr meine Arbeit unterstützen wollt, dann besinnt euch in eurem Leben auf das Wesentliche, wägt alle Erfahrungen ab und hütet das Wichtige als bleibenden Wert. Löst euch von allem, was nur Ballast ist, anstatt Unbrauchbares aus Melancholie mitzuschleppen und dadurch Fortschritt zu erschweren. Veränderung heißt nicht Wildwuchs, Entwicklung ist sinnvolle, planvolle Verbesserung!

Ich verneige mich innerlich, er verneigt sich und wendet sich ab.

Samstag, 21. Juni (Sommersonnenwende), Ostheim

Gespräch mit der Landschaftshüterin der Rhön

Durch wundervolle kleine verträumte Dörfer, in deren Mitte man zuverlässig einen Brunnen findet, an dem das Pferd trinken kann, und wo die Kirchenglocke ebenso zuverlässig jede Viertelstunde schlägt, bin ich hierhergeritten. Heute Abend weiß ich nicht, wo ich morgen hinkommen werde, denn ich habe keine Karte mehr, und es läßt sich beim besten Willen keine finden. Es scheint, als ritte man ins Niemandsland. Und dabei bewege ich mich doch nur auf die Grenze zur ehemaligen DDR zu. Aber es ist Tag der Sommersonnenwende, und ich sitze mit dem Rücken an die Stallwand gelehnt. Mein Pferd döst im Paddock (Einzäunung vor dem Stall), und während ich das Gespräch führe, geht langsam eine rot-orangene Sonne am längsten Tag des Jahres unter.

Liebe Landschaftshüterin, ich sehe, Du kannst mir viel erzählen, und ich interessiere mich sehr für diese Landschaft. Wie ist sie entstanden?

Sie ist schon seit einiger Zeit in der Nähe, geflügelt, weiche Gestalt, Orange und Gelb. Feine, bewegte Gegenwart, sehr intensiv „augenblicklich“, unmittelbare Tiefe.

Du weißt, daß diese Landschaft hier vulkanischen Ursprungs ist – nun, ich kann es Dir sagen, wie hier alles aussah. Die Erde war eine ganze Zeitlang stark in Bewegung. Man kann sagen, sie entwickelte sich wie ein Mensch in der Pubertät... Pflanzen oder Tiere gab es daher zeitweise kaum, es war sehr warm, der Boden weich und unregelmäßig. Die Luft war voller Erddünste und Geräusche, und die bewegte Kraft der Erde wirkte aufs Intensivste anwesend. Als sich dies nach und nach legte, blieb eine fruchtbare, lebensspendende Landschaft zurück, die sich mit Pflanzen überzog, Tiere einlud und irgendwann Menschen beherbergte.

Erzähle mir über diese Menschen – wie standen sie mit der Landschaft in Zusammenhang?

Sie entwickelten auf diesem von Erdkräften so stark geprägten Boden einen ausgesprochenen Mutter-Erde-Kult. Du möchtest, daß ich sie Dir beschreibe... Es waren kräftige, ruhige Menschen, sie sprachen nicht soviel über Belangloses wie ihr heute, aber sie hatten eine Menge Lieder und Reime, die sie einander lehrten und in denen ihre ganze Weisheit enthalten war. Sie lebten in recht einfachen Behausungen aus Holz und zum Teil auch in Höhlen. Sie ernährten sich gemischt von Anbau und Wildsammlung, es gab feste Siedlungen, aber auch kleine Gruppen, die meist mit Tierherden durch das Land zogen. Manchmal konnten sie sehr ausgelassen sein, berauscht und wild und völlig außer sich – das gehörte auch dazu, war Teil ihrer Kultur.

Schau, sie verehrten die Erdenkräfte als lebensspendende und lebenserhaltende Kräfte, und im Rhythmus ihrer Gesänge und Sprüche erklang der eine Teil, die Regelmäßigkeit und Ruhe dieser Kraft. In ihren Tänzen und ihrer Ekstase lebten sie den wilden unberechenbaren zerstörerischen Teil der Erdkraft.

Kann man diese Vergangenheit in den heutigen Menschen noch ein wenig wiederfinden?

Das wünschst Du dir... ja, natürlich. Dir ist die Verehrung der Mutter Gottes schon aufgefallen sowie die „heiligen Bäume", an denen die Menschen Kruzifixe und Heiligenbildchen aufhängen. Siehst Du, das sind Überreste des Mutter-Erde-Kults der Kelten. Auf diesem von so intensiven Erdkräften durchtränkten Boden gedieh vor allem der eher archaische Urmutter-Impuls des Christentums. Die jetzigen Menschen mit ihrer oftmals noch großen Frömmigkeit, ihrer aus dem Grunde der Existenz kommenden Lebensenergie, ihrer Erdverbundenheit und gleichzeitig ihrer Klarheit im Umgang miteinander haben den Mutter-Erde-Aspekt des Christentums in sich aufgenommen, einfach dadurch, daß diese Kraft von der Landschaft so stark ausgestrahlt wird.

Welches ist denn jetzt genau die Marienkraft im Christentum?

Eine gute Frage. Also, das Christentum, könnte man sehr vereinfacht sagen, besteht aus zwei Anteilen: dem Sonnenanteil, für welchen Vater und Sohn stehen, und dem Erdenanteil, für diesen steht die Mutter Gottes. Du kannst es so sehen: Die Mutter Jesu hatte einerseits eine so große reine lichte Seele, daß sie einem göttlichen Wesen den Weg auf die Erde bereiten konnte. Dazu mußte sie andererseits auch eine so starke Erdverbundenheit besitzen, daß sie nicht nur nicht „verbrannte“ im Licht des Christus, sondern dieser Wesenheit sogar noch die für die Inkarnation nötige Erdung mitgeben konnte, ohne daran zu sterben.

Und zuguterletzt war sie es, die ihm in ihrem Körper den seinen schuf und ihm das Allerirdischste, eigentlich ein Geschenk der Erde an ihre Geschöpfe, mit auf den Weg gab: den Tod. Durch diese Möglichkeit des physischen Vergehens konnte Jesus Christus seine Aufgabe auf der Erde ja erst voll und ganz erfüllen.

Die Marienkräfte sind also diejenigen Anteile, die die Erde an der Menschwerdung Christi hat, die Wegbereiter-Kräfte, die Heilkräfte, die Umwälzungs- oder Todeskräfte, die von dem reinen Menschen Maria dem Christusimpuls zugrunde gelegt wurden, werden mußten. Verstehst Du das?

Ich glaube schon, wenn ich noch ein wenig darüber nachdenke. Welche Aufgabe hat denn die hier so häufig vorkommende Kiefer in dieser Landschaft?

Verschiedene. Eine wichtige ist die, daß die Kiefer als Nadelbaum die Saturn-, also die vorsonnigen Kräfte verkörpert. Als Wegbereiter der Sonnen- und Christuskräfte gehören auch sie wieder zur Energie der den Christus empfangenden Marienkräfte. Die Kiefer ist also auch ein typischer Marienbaum. Sie wächst hier natürlich wegen des Klimas und der Bodenbeschaffenheit besonders gut, aber auch weil die Erdenergien dieser Gegend einen solchen Saturnbaum anziehen. Im Gegensatz zu Tanne und Fichte ist die Kiefer ein relativ feiner und beweglicher Nadelbaum, der nicht so sehr die statischen als vielmehr die entwickelnden Aspekte der Saturnpflanzen verkörpert. Somit unterstützt sie die hier wirksamen Erden- und Marienkräfte und verhilft den Menschen zu Erdung und Heilung.

Welche Aufgabe hat diese Landschaft für Gesamtdeutschland?

Entsprechend der vorhandenen Kräfte ergibt sich hier die Aufgabe, die deutsche Gesamtlandschaft gesundzuerhalten. Von hier aus fließen heilende und kräftigende Energien in die umgebenden Landschaften. Mit ihrer Feinheit und Reinheit vermittelt diese Landschaft die Qualität eines Wimpernschlags – achtsame Gegenwart und Behutsamkeit.

Möchtest Du den Menschen noch etwas Bestimmtes mitteilen?

Sucht in euch die Ursprungskräfte, laßt die Wirkung von Lebens- und Heilkräften zu und verdeckt sie nicht mit Lärm und Buntlicht. In der Stille liegt die Kraft! Auch wenn es manchmal eine heftige und unerwartete Kraft ist, habt keine Angst davor, denn sie gehört ja zu euch. Wenn ihr euch damit heilt, könnt ihr auch eure Landschaften heilen, damit sie euch wieder heilen und euch Kraft geben können.

Danke sehr, vielen Dank für dieses Gespräch. Ich halte es für sehr wichtig, daß die Menschen Deine Botschaft bekommen und erfahren. Ich werde mich bemühen, es ihnen zu sagen.

Sie dreht sich einmal leuchtend um und verschwindet.

Mittwoch, 25. Juni, Rennsteig, Thüringen

Gespräch mit dem Waldmeister eines Waldgebietes beim Inselberg im Thüringer Wald

Ich bin unterwegs in ungefährer Richtung auf Erfurt zu. Heute wird meine Karte wieder einmal nicht stimmen, aber ein freundlicher Waldarbeiter wird sich in Hunter verlieben, mir eine Flasche Saft schenken und mir den Weg erklären. Ich werde einem meiner nächsten Gastgeber begegnen, einem jungen Förster, der mich am Waldrand entdeckt und spontan nach Erfurt einlädt – in die Stadt!
Aber noch befinde ich mich mitten im Wald, mache Pause auf einer Lichtung und muß mich immer wieder vor der neugierigen Nase meines Pferdes retten, das sich langweilt und mir ins Haar und auf die Hände pustet, während ich dieses Gespräch mitschreibe.

Ist da jemand, der mit mir sprechen will?

Es dauert eine Weile, dann taucht ein großer Waldmeister auf, mit ihm einige kleinere. Er ist größer als ein Mensch, sehr „breit“, d.h. er besitzt eine umfangreiche, ausladende Energie. Ich nehme ihn in den Farben Blau, Gelb und Hellgrün wahr, sein Gewand schimmert wie von der Sonne beleuchtete, bewaldete Hügel. Etwas wie langes Haar und ebensolcher Bart sind zu sehen, die Augen blicken direkt, fragend, prüfend.

Ich denke, es ist etwas Wichtiges, worüber Du mit mir reden willst?

Ich möchte etwas über Deinen Wald erfahren, was für die Menschen wichtig sein könnte zu wissen. Wärest Du bereit, mir über ihn zu erzählen?

Er schweigt eine Weile. Die kleineren Elementarwesen bilden einen Halbkreis um ihn.

Dieser Wald ist ein wichtiges Organ für Deutschland, die Menschen nennen ihn nicht umsonst „das grüne Herz Deutschlands“.

Er hat tatsächlich Herzqualität für das Land, er ist aber auch noch mehr. Man könnte sagen, der Wald in dieser Gegend ist eine Schatzkammer im Herzen Deutschlands. Verstehst Du, ein Mensch hat in seiner Seele, in seinem Herzen einen Ort, in welchem er verbunden ist mit der lichtvollen geistigen Welt, an dem ein Quell der Ur-Lebenskraft für ihn entspringt. Eine ganz ähnliche Bedeutung hat dieser Wald für das Land. Hier befindest Du Dich nicht nur in der geographischen, sondern auch in der atmosphärischen Mitte Deutschlands.

Ich merke, daß Du mir etwas über Deutschland und seine Bewohner insgesamt erzählen könntest. Würdest Du das tun?

Ich kann es, und zwar eben aufgrund dessen, was ich schon gesagt habe. Hier auf dem Rennsteig ist sozusagen das Zentrum Deutschlands, daher ist der Charakter des Landes hier besonders deutlich zu erleben.

Deutschland – es ist ja eigentlich ein recht junges Land, nicht so alt-ehrwürdig wie Spanien z.B. – Deutschland ist ein Land... der Vielfalt und des Freigeistes.

Du denkst jetzt, das wäre ja wie Amerika – ich werde es Dir erklären. Die Idee, die das Land trägt, ist die der in der Gemeinschaft schwingenden und klingenden Individualität. In Amerika streben die Individualitäten auseinander, in Deutschland versuchen sie, eine gemeinsame Ebene, eine gemeinsame Mitte zu finden.

Jetzt hör erstmal zu! Amerika ist etwas völlig anderes! Es geht dort um Eigenraum und Selbstverwirklichung, Eigenträgerschaft vielleicht, alles sehr wichtige Dinge. Aber in Deutschland sollen die Qualitäten entwickelt werden, die ein Mensch braucht, um sich in die Gemeinschaft einzufügen und sich doch nicht in ihr zu verlieren. Pünktlichkeit, Tüchtigkeit, all das, was den Deutschen allgemein zugeschrieben wird, sind Fähigkeiten, die dafür nötig sind. Eigentlich sind die Deutschen auf ihre Weise sehr kommunikativ. Ihre Aufgabe lautet: Drücke Dich aus und bringe Dich ein! Dies erklärt auch, daß die Umgangsformen in Deutschland oftmals recht trocken und direkt sind, daß ohne ausschmückende Beschreibungen miteinander gesprochen wird, Angebote und Abweisungen meist wörtlich zu nehmen sind usw. Es ist einfach unumgänglich, sich möglichst klar und lückenlos miteinander zu verständigen, wenn viele unterschiedliche Individualitäten als solche auf fruchtbare Art und Weise miteinander auskommen wollen. Diese Aufgabe für Deutschland ergibt sich u.a. aus seiner geographischen Lage innerhalb Europas. Das Land liegt ziemlich in der Mitte zwischen Westen und Osten, Bergen und Meer. Viele unterschiedliche Einflüsse aus anderen Bereichen Europas werden hier zusammengeführt und müssen harmonisch ineinandergefügt werden.

Wie können die Menschen in Deutschland die Kraft dieses Waldes nutzen, um die Aufgabe ihres Landes besonders gut zu erfüllen?

So, wie man einen Wald im allgemeinen nutzen sollte.

Was ist denn allgemein die Aufgabe eines Waldes, im Gegensatz zu der einer Wiese z.B.?

Eine Wiese ist ein Ort, der eher eine abgebende, zerstreuende Funktion hat, während der Wald vor allem aufnimmt und konzentriert. Daher ist der Thüringer Wald eben auch besonders geeignet, ein Sammelpunkt der Energie Deutschlands zu sein. Eine Wiese ist recht kurzlebig von ihren Pflanzen her, der Stoffwechsel der Wiese ist relativ schnell, ihre Offenheit gegenüber dem Wetter macht, daß sich alle hier eintreffenden Energien schnell verteilen und verdünnen.

Im Wald hingegen nehmen die Bäume mit einem eher gemächlichen Lebensrhythmus die Energien auf und speichern sie. Nicht nur die Jahresringe an den Baumstämmen sagen etwas aus über Wind und Wetter, Sonne und Planetenbewegungen während mehrerer Jahre. Auch der ganze Wald erzählt in seinem Bewuchs, den Baumarten, dem Unterholz, den Tieren, der Verteilung und dem Alter der Baumpflanzen seine Geschichte. Wenn Du über eine Gegend etwas erfahren willst, gehe in den Wald, dort erlebst Du alles besonders deutlich, was der Wald über die Gegend aufgenommen und gespeichert hat. Die Wiese hingegen berichtet mehr vom momentanen kurzfristigen Zustand einer Landschaft, wie auch die Wiese selbst eine eher kurzfristige Erscheinung ist. Recht schnell siedelt sie sich an, wenn man ihr Platz macht, ebenso bedeckt sie aber auch schnell wieder der Wald.

Und wie nutzt man nun als Mensch im allgemeinen den Wald?

Ja eben z.B., um etwas Bestimmtes über einen bestimmten Ort zu erfahren. Aber natürlich regt der Wald auch Prozesse im Inneren des Menschen an. Du wirst es merken, wenn Du durch diese großen Waldgebiete reitest. Du wirst innerlich ganz still, Dein Atem wird ruhiger, Deine Gedanken ebenso, Du wirst aufnahmefähiger für das, was um Dich herum ist. Du wirst nun aber auch in der Lage sein, einiges über Dich selbst zu erfahren und hier vor allem Dinge wahrnehmen, die Dich schon seit längerem belasten oder aber begleiten und führen.

Möchtest Du jedoch etwas über Deinen momentanen kurzfristigen Zustand erfahren, frage die Wiese. Wenn Du das Bleibende, Tragende, wie auch das Feste, Blockierende in Dir kennenlernen willst, gehe in den Wald. Beobachte, wie Du Dich zum Wald verhältst, welche Ideen, Bilder, Gefühle er in Dir anregt. Das sind Dinge, die sich für Dich entweder seit langem bewährt haben, ältere Bestandteile Deines Wesens, oder aber – natürlich kann auch das sein – alte Muster und Blockaden, die längst überfällig sind und auf Auflösung warten. Du wirst sie daran zu unterscheiden wissen, ob sie sich eher leicht oder eher schwer anfühlen.

Gibt es denn eine besondere Qualität, die nur der Thüringer Wald für die Menschen haben kann?

Ja. Der Thüringer Wald hat aufgrund seiner Aufgabe, über die wir anfangs gesprochen haben, besonders die Möglichkeit, den Menschen zu einer klaren Selbsterkenntnis zu verhelfen, zu einer Erkenntnis ihrer selbst inmitten ihrer eigenen Vielfalt. Dieser Wald ist ein von Elementarwesen besonders belebter Ort, und sie arbeiten einerseits an der Harmonisierung der deutschen Kräfte und unterstützen andererseits den Prozeß der Selbsterkenntnis einzelner Menschen, die sich hier befinden.

Hast Du noch eine spezielle Botschaft an die Menschen?

Atmet! Ihr habt das Atmen verlernt. Der Atem ist die Verbindung zwischen Innen und Außen. Ohne Atem gibt es keinen Ausgleich, also auch kein Gleichgewicht. Der Wald atmet, verändert sich, die Landschaft atmet. Anstatt dem Leben um euch herum und euch selbst den Atem abzuschnüren, schaut, wie alles atmet – und lernt selbst wieder atmen.

Danke sehr, das ist eine sehr praktische Botschaft. Ich fange gleich mal damit an.

Er erhebt sich und verweilt mit seinen „Schülern" ein Stückchen weiter in der Nähe.

Freitag, 27. Juni, Mühlberg

Gespräch mit dem Landschaftshüter des Thüringer Waldes

Früh am Morgen – ich werde heute noch weiterreiten – möchte ich das Gespräch mit dem Landschaftshüter führen, bevor ich sein Gebiet verlasse. Der Weg hierher war anstrengend und weit. Er führte durch ein militärisches Sperrgebiet, das sich nur mit einem großen Umweg hätte umreiten lassen. Am Nachmittag kam ich im Nachbardorf am Geburtshaus von Johann Sebastian Bach vorbei. Am Abend fragten mich meine Gastgeber, als sie erfuhren, daß ich kein Fleisch esse: „Wie, du ißt also keine Wurst – keinen Schinken – Fleisch auch nicht – ja, was ißt du denn dann?!"
Meine Strecken sind mittlerweile bis zu 40 Kilometer lang. Aber heute ist mein Weg etwas kürzer, und daher habe ich Zeit, am Nachmittag kurz vor Erfurt noch ein Gespräch mit Ellenlang zu führen. Hierfür brauche ich zwei Anläufe, da Hunter Gespenster sieht und zwischendurch davonrennt. Abends werden wir von dem schon erwähnten Förster, Stefan, in Empfang genommen, der uns in Dienstuniform – „ich dachte mir, das macht Eindruck, wenn ich so vorausfahre" – auf dem Fahrrad durch die Innenstadt Erfurts lotst. Wir übernachten heute mitten in der Stadt. Für Hunter gibt es eine Garage, Heu, Stroh, Hafer und ein großes, begeistertes Empfangskomitee, bestehend aus Stefans Kindern und den Gästen einer Gartenparty, die uns im winzigen Gärtchen des Altbaus erwarten.

Lieber Landschaftshüter, ich möchte diese Landschaft gerne noch besser verstehen – sie und ihre Menschen geben mir bislang noch Rätsel auf. Könntest Du mir einige Fragen beantworten, und würde es Dir etwas ausmachen, das Gespräch in zwei Teilen zu führen, ich weiß nämlich nicht, wieviel Zeit mir bleibt, bis meine Gastgeber frühstücken? Darf ich Dich beschreiben?

Er gibt sein Einverständnis, bevor er für mich als Gestalt wahrnehmbar wird – er ist groß, ausgebreitet, die Farbe Rot herrscht vor in seinem Gewand. Er hat einen flammenden, etwas heftigen, bewegten Blick, bewegt sich kraftvoll, fast ruckartig, glühend und trägt die Andeutung einer Krone auf dem Kopf.

Guten Morgen, es freut mich sehr, die Ehre zu haben. – *Er schaut mich intensiv an.* – **Bitte erzähle mir etwas über die Entstehung dieser Landschaft und die Vergangenheit seiner Bewohner!**

Diese Landschaft hat sich viele Male gewandelt, vom Vulkanismus zum Meer, von der Waldlandschaft zur Plattenverschiebungsgrenze ist fast alles, was eine Landschaft erleben kann, mit dieser hier geschehen. Ein Stadium löste das nächste ab, das wieder vom nächsten zerstört wurde – daher liegen auch die Gesteinsschichten oftmals wie durchmischt im Boden. Die Berge, die Du siehst, sind durch Auffaltungen während einer Plattenverschiebung entstanden und wurden zum Teil schon wieder durch Flüsse, Wind und Kälte verändert und abgetragen.

Dieses Stück Erde, auf dem Du sitzt, hat eine der bewegtesten Geschichten von allen Landschaften Deutschlands hinter sich. Seine menschlichen Bewohner prägten es vor allem während der Zeit des Mittelalters. Hier gab es jede Menge abergläubischer Auswüchse, genauso aber auch Wissenschaft und Kultur in konzentrierter Form. Wilde Schlachten wurden zwischen mehr oder weniger vernünftigen sogenannten Rittern geführt, aber genauso veranstalteten verschiedene Herrscher auch Konzerte, Theater, ließen Landkarten und Uhren herstellen.

Du siehst, die Vielfalt des Landes, des Bodens, setzt sich nicht nur in der auch jetzt noch recht gut erhaltenen Tier- und Pflanzenwelt fort, sondern auch im Verhalten und der Entwicklung der Menschen. In diesem Zusammenhang war es einerseits sehr schade, andererseits aber auch sehr typisch für die Gegend, daß sie das Grenzgebiet entlang der Osten und Westen trennenden Mauer wurde. Wie schon so oft, wurde etwas Bestehendes zerstört – diesmal war es ein Gutteil der gesellschaftlichen Ordnung und der Landwirtschaft. Auch die Strukturen, die dann aufgebaut wurden, sind wieder zerfallen. Und jetzt wird es nötig sein, aus der Asche wieder etwas Neues entstehen zu lassen, so lange, bis es wieder vergehen muß. Das ist das Schicksal dieser Landschaft und der hier lebenden Menschen. Daher ist sie Dir auch so rätselhaft.

In welchem Zusammenhang steht das alles damit, daß ja Thüringen die Mitte Deutschlands und der Thüringer Wald das „grüne Herz“ des Landes ist?

Thüringen ist eben das bewegte Herz Deutschlands, vielleicht paßt der Ausdruck „Gemüt“ auch besser. Alles, was Deutschland erlebt als Land, findet sich hier in intensiver, verarbeitender Form wieder, hier wird jede Bewegung gespiegelt und gewandelt. Um mit jeder Veränderung mitgehen zu können, muß eine Landschaft all die genannten Stadien durchgemacht haben. Dadurch sind genügend verschiedenartige Kräfte in ihr gespeichert, und sie erhält die nötige Weichheit und Beweglichkeit für diese Aufgabe.

Ich denke, mit „Herz“ meinen die Menschen nicht ausschließlich das physische Herz in ihrem Körper: Sehr oft gebrauchen sie auch das Wort, um ihren gefühlvollen, intuitiven Innenraum zu beschreiben. So ist das auch im Zusammenhang mit dieser Landschaft gemeint. Sie stellt eigentlich Deutschlands Innenraum dar, daher die vielen verschiedenen Bewegungen hier. Daher die Leichtigkeit und gleichzeitig die Traurigkeit, die Strenge und die Weichheit, die über der Landschaft liegen. Daher der Zwiespalt, der das ganze Land betrifft, aber hier einfach besonders deutlich zu Tage tritt.

Welche Bedeutung hat dies für die heutigen, hier lebenden Menschen – könntest Du sie mir ein wenig erklären?

Es ist wie mit der Landschaft: Auch die Menschen sind sehr vielfältig. Es gibt solche und solche: einige, die sich von den Veränderungen der Umgebung tragen lassen, die sich die Mühe nicht machen, einen eigenen Kern zu entwickeln; und andere, die das schöpferische Potential der Landschaft nutzen und großartige kreative und herausragende Taten vollbringen. Ein Beispiel für letztere wäre etwa Johann Sebastian Bach, der ja hier im Nachbarort geboren wurde.

Momentan sind die hiesigen Menschen natürlich noch stark geprägt von der Zeit des Kommunismus. Einige lassen sich in die allgemeine Ratlosigkeit des Übergangs fallen, aber andere nutzen auch gerade wieder diese Zeit, um schöpferisch, bildend tätig zu sein.

Darf ich das Gespräch an dieser Stelle unterbrechen, ich glaube, ich sollte frühstücken gehen.

Nickt und ist fort.

Ich habe wohl doch noch etwas Zeit – welche Aufgabe wird denn diese Landschaft in Zukunft haben?

Seine Aufgabe wird sein, für Deutschland eine klärende, Selbstbewußtsein schaffende Kraft auszustrahlen. Ich sagte Selbstbewußtsein, damit ist kein neuer Nationalismus gemeint! Du siehst doch sicherlich ein, daß ein Organismus sich zuerst selber definieren muß, bevor er mit anderen in Austausch treten kann! Hier wird sich besonders deutlich für Deutschland die Frage stellen – oder eigentlich stellt sie sich schon jetzt -: Wer sind wir, was macht uns aus, was können wir beitragen in der Welt? Für die Menschen besteht in dieser Landschaft ganz besonders die Möglichkeit, diese Frage für sich zu klären, aufzugreifen, zu beantworten. Es wird hier weiterhin so sein, daß alles Bestehende schnell abgelöst wird, aber so ist es eben in einem lebendigen Organismus: Alles entwickelt sich, nichts bleibt, wie es ist. Wer hier als Mensch lebt, ist entweder besonders anpassungsfähig oder besonders stark und entwicklungsfreudig.

Hast Du noch eine besondere Botschaft an die Menschen?

Liebe Leute, Veränderungen sind anstrengend, und manchmal gibt es Übergänge, die nicht nur schön sind. Solange es Übergänge bleiben, ist das noch im gesunden Bereich – ich spreche von dem, was ihr der Erde gerade zumutet. Sorgt bitte dafür, daß dieses nur ein Übergang bleibt; lenkt die Geschichte in die richtige Richtung, in einer Übergangszeit ist das immer besonders leicht. Genauso versucht, Unzufriedenheit in eurem Leben als Übergangsstadium zu sehen und zu nutzen, um die Richtung zu korrigieren. Ich sage nicht, was sonst wäre, aber es wäre für die Welt und die Menschen ganz furchtbar traurig. Also reißt euch zusammen, wenn ihr das Dilemma bewirken konntet, könnt ihr es auch wieder beseitigen!

Vielen Dank für Deine Antworten und für Deine wichtige Botschaft!

Nickt ernst und ist plötzlich verschwunden.

Freitag, 27. Juni 2008, bei Erfurt

Gespräch mit dem Reisebegleiter Ellenlang

Lieber Ellenlang, wir sind zwar gerade unterwegs, und wie es aussieht, braut sich ein Gewitter zusammen. Würdest Du trotzdem mit mir reden?

Ja, wird auch mal wieder Zeit!

Eben, dachte ich auch. Wir sind jetzt in Erfurt und damit ziemlich genau auf der Hälfte der Strecke. Was ich Dich fragen wollte, falls Du nicht etwas anderes zu sagen hast: Kann man eine Reise in Phasen einteilen, kann man überhaupt Entwicklungen in Phasen einteilen?

Natürlich, Anfang, Ende und das dazwischen... Ja, man kann sehen, daß bei einer Reise der Entwicklungszeitraum meistens einigermaßen fest abgegrenzt ist, während andere Entwicklungen im Leben eines Menschen manchmal sehr lange dauern können. Und natürlich gehen manche inneren Veränderungen, die auf einer Reise anfingen, auch zeitlich über diese hinaus. Zudem ist der jetzige Zeitpunkt für Dich vor allem räumlich der Mittelpunkt Deiner Reise; ob er es zeitlich auch ist, weißt Du ja noch gar nicht. Das wollte ich nur mal sagen, um Dir zu helfen, klar zu denken.

Ja, das stimmt, aber ich fühle mich zumindest so, als ob ich mich jetzt genau dazwischen, zwischen Anfang und Ende befinden würde. Gibt es denn für mich an diesem Punkt etwas Bestimmtes zu lernen?

Man könnte ganz grob sagen: In der ersten Hälfte einer Veränderung bzw. auf dem Weg dorthin braucht man vor allem Energie für das Kennenlernen des Neuen; in der zweiten Hälfte geht es um das Umsetzen. Man kann das auch noch genauer beschreiben. Ich habe es vorher schonmal gesagt, aber Du hast es nicht aufgeschrieben. Also, paß auf, Du kannst jetzt etwas lernen: Eine vollkommene Entwicklung, also der Weg, der nötig ist, bis sich ein Wesen selber erkennen kann, hat zwölf Phasen, wie das Jahr zwölf Monate hat.

Er zeigt mir etwas wie eine Umstülpung und meint, daß wir als Menschen an unserem Ziel angelangt wären, wenn wir einmal unser Äußerstes zuinnerst und unser Innerstes zuäußerst gekehrt hätten und dann, nach langer, langer Zeit, auf einer sehr hohen Stufe der Entwicklung stünden, auf welcher die Menschen vorläufig an einer Art End- oder Zielpunkt angelangt wären.

Überhaupt kann man Entwicklungen jeglicher Art mit dem Verlauf eines Jahres vergleichen, denn dieses ist sozusagen ein Modell für eine Entwicklung. Das Jahr ist aufgeteilt in vier Jahreszeiten, das sind vier größere Phasen. Die Jahreszeiten haben dabei für unseren Fall, grob gesagt, folgende Bedeutungen:

Der Frühling – das Neue von außen herankommen lassen und dafür offen sein.

Der Sommer – sich inspirieren lassen, etwas von dem Neuen annehmen.

Der Herbst – sich in dem Neuen auskennen und es sich zu eigen machen.

Der Winter – das Alte loslassen, neu werden.

Und dann ist Raum für die nächste Veränderung. Jedes Wesen kann diesen Zyklus in Teilen seiner selbst nachvollziehen. Die Zahl Vier taucht als Rhythmus auch innerhalb eines Monats auf; vier Wochen sind ein Monat. Hier ist der Ablauf ähnlich dem der Jahreszeiten, nur daß sozusagen auf diese Weise, wie ich gesagt habe, die „Monatseigenschaften", also kleinere Schritte, entwickelt werden. Und jeder Monat steht für etwas anderes, aber das muß ich Dir nicht sagen, das wissen die Menschen schon selber, und außerdem würdest Du es jetzt nicht verstehen.

Aber jetzt wird es wieder interessant! Jetzt kommt die Woche mit ihren sieben Tagen: Im Gegensatz zu einer Jahreszeit, die man nur zusammen mit den anderen drei Jahreszeiten als Ganzes betrachten kann, ist eine Woche für sich allein vollständig. Aber sie ist nicht in der Weise abgeschlossen wie das Jahr mit den zwölf Monaten. Die Woche ist wie ein rollendes Rad mit sieben Speichen, immer wiederkehrend, aber in sich jedesmal abgeschlossen. Der Siebener-Rhythmus im Leben eines Menschen z.B. ermöglicht ihm das sinnvolle Abschließen seines Erdenlebens. Auch nach dem

Tod bis zur nächsten Inkarnation entwickelt sich der Mensch im Siebener-Rhythmus.

Übrigens: Die Fünf, die Zahl des Menschen, die zusammen mit der Sieben zwölf ergibt, ist auch eine Zahl der Entwicklung. Und dazu kommt noch der Zweier-Rhythmus von Tag und Nacht: Alles läßt sich in zwei Hälften teilen, die gegensätzlich sind (Morgen – Abend, Sommer – Winter usw.)

Und das ist das große Geheimnis dieser Welt, daß es die Drei nur gibt, weil es die Zwei gibt. Schau, Gegensätze, also die Zweiheit, spannen die Welt auf, und zwischen ihnen entsteht – ein Drittes, der bewegte Zwischenraum. Also jetzt, am Umkehrpunkt Deiner Reise, wo sich ein Gegensatz entwickelt zwischen Anfang und Ende, entsteht eben dieser Zwischenraum, etwas Neues; man könnte sagen, erst jetzt wird in Dir etwas Neues geboren. Also, Du kannst Dir sagen, bisher wurde ich verändert, ab jetzt verändere ich mich.

Oh, das ist wirklich interessant. Und wie kann ich diesen Moment unterstützen?

Indem Du versuchst zu erkennen, was sich in Dir bildet, was vorher noch nicht da war. Dann gelingt es Dir noch besser, den nächsten Teil Deiner Reise zu nutzen. Also schau Dich an. Atme vernünftig und bewußt, fühle in den Raum über Dir und achte dabei vor allem auf Deine innere Bewegung. Ebenso wende Dich dem Raum unter, hinter und vor Dir zu, rechts und links von Dir. Dann sieh in Dich hinein, und Du wirst spüren: Dieses ist vertraut, das bin ich schon länger. Aber jenes ist neu, es fühlt sich leicht, lebendig, handlich an und macht mich froh. Du brauchst weiter gar nichts zu tun als nur zu erkennen, was neu ist – der Rest ergibt sich dann von selber, aber eben um so intensiver.

Danke sehr für die Übung. Darf ich Dich fragen, wie Du solche Dinge erfährst, woher Du sie weißt?

Ich spreche mit der Stimme der Natur, die Dich umgibt. In der Natur ist die Weisheit des Kosmos enthalten. Außerdem bin ich, wie Du weißt, ein Wesen zwischen Wasser und Luft, am Entstehungspunkt von Bewegung, an demselben, den Du jetzt in Dir suchen kannst. Daher fließt mir die Weisheit zweier Elemente zu. Das Wasser erzählt mir über Veränderungen, die Luft erzählt mir

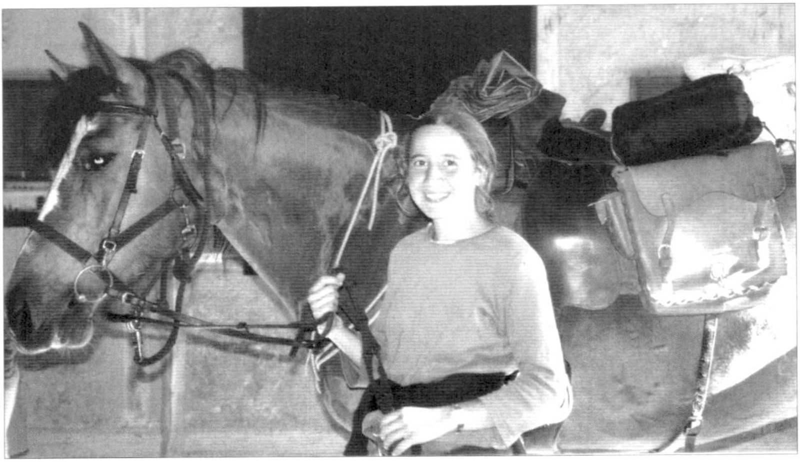

vom Loslassen. Und natürlich muß ich Deine Gedanken nutzen, die Du nunmal zur Verfügung hast. Hättest Du weisere Gedanken, könntest Du noch viel mehr von mir lernen.

Aber schau, so ist das: Jetzt hast Du für den Moment alles von mir gelernt, als nächstes mußt Du von jemand anderem wieder lernen, und mit diesen beiden „Päckchen" kannst Du als drittes wieder neue Gedanken denken. Dann kann ich Dich wieder lehren. Oder vielleicht reicht Dir auch der Gegensatz zwischen Dir und mir, um neue Gedanken zu bilden. Aber wenn der eine Teil er selber ist, fällt das einem Menschen immer etwas schwerer. Meist brauchen Menschen zwei Gegensätze, die beide außerhalb ihrer selbst sind, um etwas Neues in ihren Gedanken entstehen zu lassen.

Gut, ich denke, das reicht für diesmal, wir sprechen uns noch. Mach mal die Übung, das wird Dir auch helfen, Klarheit zu bekommen über das, was jetzt in Dir ist.

Vielen Dank für Deine Ratschläge und für Deine Begleitung.

Dienstag, 1. Juli 2008, auf dem Possen

Gespräch mit der Landschaftshüterin der Hainleite

Wir haben einen Ruhetag eingelegt, da Hunters Satteldruck nach einer Strecke von 50 Kilometern wieder angeschwollen ist. Ich bin mir nicht sicher, ob ich für dieses Problem eine Lösung finden werde. Aber bisher konnte ich immer alle Schwierigkeiten bewältigen, also hoffe ich, daß es auch hier gelingt. Ich habe Wäsche gewaschen und hänge sie über den Paddockzaun in die Sonne, repariere meine Packtaschen, putze meinen Sattel und freunde mich ein bißchen mit meinen Gastgebern an, Philipp und Annelie, zwei jungen Leuten in meinem Alter. Sie sind Mitarbeiter auf dem Possen, einem großen Freizeitpark, wo ich untergekommen bin. Ich führe vor dem Stall, in dem ich schlafe, die Gespräche mit der Landschaftshüterin und mit den Kulturträgerinnen der Hainleite. Diese ist eine etwas schwere Landschaft mit langgezogenen Erhebungen, dichten Mischwäldern und nur wenigen Siedlungen. Später bekomme ich von Annelie Besuch. Sie lädt mich zum Abendessen ein.

Liebe Landschaftshüterin, dürfte ich mit Dir ein Gespräch führen über diese Landschaft und ihre Bewohner?

Sie taucht auf, bejaht. Sie ist in Menschenmaßen mindestens drei Meter groß, weiß-hellgrünes Gewand, eindringlicher, fast fordernder Blick aus dunklen Augen.

Bitte erzähle mir die Geschichte dieser Landschaft.

Hier war Meer, Meer, Meer. Das Meer zog sich zurück, und der feste Meeresgrund wurde zur Oberfläche. Zunächst entstanden einige Binnenseen, in denen das Leben weiterging; dann verschwanden auch diese, und die Landschaft überzog sich mit größeren Landpflanzen. Später starb die grüne Pflanzendecke ab und wurde von Eismassen „verkümmert", die längere Zeit auf diesen Boden drückten. Sie preßten zusammen, was das Meer und der Wald zurückgelassen hatten, und legten ein Band, einen Mantel von Reglosigkeit über das Land. Aber Du mußt wissen, daß bald der Wind kam, die Eismassen auftaute und dem Boden von Sonne und Grün erzählte. Der Wind brachte auch Samen von Pflanzen mit, die sich hier wohlfühlten, aber er ließ nicht zu, daß sie sich zu sehr ausbreiteten, immer wollte er freie Flächen für sich behalten. So siehst Du hier Wald und Wiesen, vom Wind geformt.

Welche Energien gibt die Landschaft den Menschen, die hier leben?

Die Energie, die aus dem Boden aufsteigt, ist weich, ruhig, dicht; die Menschen wandeln sie in die Kraft der Bescheidenheit um.

Gibt es bestimmte kosmische Einflüsse, die diesen Boden prägen?

Was von dem Meer, von dem Eis, von dem Wind, von dem Wandel angezogen wird, was diesen wiederum bewirkte, ist die Kraft des Mondes. Der Mond ist ein großer Kraftplanet für diese Landschaft.

Was bewirkt er für sie?

Man sieht den Einfluß des Mondes im Fluß der Landschaft. Es kommt hier besonders sein Aspekt der „zwei Seiten“ zum Ausdruck. Du siehst zwei Landschaftsformen, die sich fast ein wenig widersprechen und doch zu ein- und demselben Organismus gehören. Da sind einmal die Mischwälder, der Wildwuchs, die hohen Wipfel, andererseits findest Du ruhige Wiesen, Gras über Gras, eine eher steppenartige Landschaft, in der vor allem Vögel und kleinere Tiere leben. Dieses kannst Du auch in den Spuren der Menschen feststellen; einerseits hegen und pflegen sie Teile der Landschaft und auch z.B. Gebäude ihrer Vorfahren, andererseits zerstören sie das Land mit Straßen und Monumenten, lassen ihm keine Luft zum Atmen durch monokulturelle Bewirtschaftung.

Welches sind die ursprünglichen Qualitäten der hier lebenden Menschen, und wie wirkt ihre eigene Arbeit auf sie selber zurück?

Die Menschen hier entwickeln durch den Einfluß des Windes und des Mondes einerseits die Fähigkeiten zu Regelmäßigkeit und Struktur, andererseits zu Offenheit und Spontaneität. Es sind, sagen wir, leichtfüßige Menschen, die ihr Leben gerne in festen Bahnen wissen, gleichzeitig aber auch allem, was aus der Reihe fällt, aufgeschlossen gegenüberstehen. Ein bißchen schweben sie über dem Boden, angehoben vom Wind und dem Himmel sehr verbunden. Dadurch, daß sie Monokulturen anlegen und Straßen und Häuser bauen, die auf die Landschaft keine Rücksicht nehmen, zerstören sie sich selber ein Stück ihres Rhythmus' und ihrer Unbeschwertheit. Sie fallen zu stark in eine Einseitigkeit und verdecken damit ihre lebendigen und beweglichen Wesensanteile.

Haben die Landschaft und ihre Bewohner eine bestimmte Aufgabe für die gesamtdeutsche Landschaft?

Ich sage nur, es gibt eigentlich große Aufgaben. Vielleicht könnte man sagen, die Hainleite ist wie die Augen Deutschlands, gerne bereit, das Gewohnte zu sehen und zu finden, aber ebenso aufmerksam und erfreut, Neuem zu begegnen. Es ist eine halb passiv-aufnehmende, halb aktiv-findende Aufgabe, die die Menschen und ihre Landschaft haben. Das Auge vergewissert sich seiner Umgebung und gibt Sicherheit und Orientierung. So soll diese Landschaft für Deutschland wirken.

Möchtest Du den Menschen noch eine bestimmte Botschaft geben?

Ihr habt so vieles, was euch zur Verfügung steht, an Fähigkeiten, an Gütern, an Erkenntnissen. Ihr müßt aber dringend lernen, all dies an der richtigen Stelle einzusetzen, sonst nützt es euch nicht viel. Es gibt in der Natur ein Gesetz, das ihr noch nicht begriffen habt: Alles, was ihr der Welt selbstlos gebt, wird auch euch von Nutzen sein; alles, was ihr für euch tut, kommt auch eurer Umgebung zugute. Denkt mal darüber nach.

Dankeschön, eine wirklich dringende Botschaft.

Es ist mir wichtig, daß die Menschen das begreifen. Bitte sorge dafür, so gut Du kannst, im Sinne dieses Gesetzes!

Das werde ich tun.

Sie schaut mich einen Moment lang eindringlich an, geht ein paar Schritte, wendet sich noch einmal um und nickt mir zu, bevor sie in den Wald eintritt.

Dienstag, 1. Juli 2008, auf dem Possen

Gespräch mit den Kulturträgern der Hainleite

Liebe Kulturträger, ich finde die Geschichte der Menschen in dieser Landschaft sehr interessant und würde gerne erfahren, was eure Aufgaben hier waren und sind. In dieser Gegend wurden die Überreste des – wie man heute vermutet – ältesten europäischen Menschentyps gefunden. Erzählt mir doch etwas über diese ältesten Menschen.

Zwei quirlige, hellrote Wesen finden sich ein. Sie sind geflügelt, etwas kleiner als Menschen und von einer glühenden Farb- und Bewegungsintensität.

Ja, es ist wirklich so, man könnte diese Landschaft auch als eine Kulturschmiede betrachten. Also, die ältesten Menschen. – Sie waren einerseits sehr unbeholfen darin, in der Natur etwas zu ihren Gunsten zu verändern, also Wald zu roden, Geräte aus Naturmaterialien (worauf ja jedes Material zurückgeht) zu schaffen und solche Dinge, die ihr meisterlich beherrscht. Andererseits aber waren sie Meister darin, sich in die Natur einzufügen und diese so für sich zu nutzen, wie sie war. Etwas, was ihr wiederum verlernt habt.

Ich muß mal gerade etwas dazwischenfragen: Ich höre so viel „einerseits – andererseits" in den Gesprächen in letzter Zeit – wie kommt das?

Es liegt daran, daß Du begreifst, daß die Welt auf Gegensätzen beruht. Und es ist nunmal so, daß man von einem Ding am meisten verstehen kann, wenn man seine beiden, einander entgegengesetzten und sich doch ergänzenden Seiten kennenlernt.

Also, die Menschen, die ganz früh schon hier lebten, waren mit ihrem Bewußtsein noch weit im „Himmel", in der geistigen Welt. Sie führten ein eher träumendes Leben, das zur Hälfte aus physischen und zur Hälfte aus geistigen Wahrnehmungen bestand. Unsere Aufgabe war es, ihnen beizubringen, wie sie sich von der Natur absetzen und ein für sich abgeschlossener Teil derselben werden konnten. Es ist übrigens die Zeit gewesen, in welcher die Menschen zum ersten Mal das Feuer zu ihrem Untertan machten.

In dieser Zeit veränderten sich einige Salamanderwesen und wurden zu Kulturträgern. Dort beginnt also auch unsere Geschichte.

Hier „in der Nähe" wurde auch die Sonnenscheibe von Nebra gefunden, und anscheinend gab es Holzbauten, die den keltischen Steinkreisen ähneln. Welches Wissen hatten die Menschen dieser Zeit von kosmischen Gesetzen?

Die Zeit, die Du meinst, liegt lange nicht so weit zurück wie die der „ältesten Menschen", von denen wir gerade sprachen.

Die Sonnenscheibe... ja, sieh mal, die Landschaftshüterin hat Dir schon gesagt, daß der Mond besonders intensiv auf diese Landschaft wirkt. Der Mond und die Sonne waren natürlich die ersten Erscheinungen am Himmel, die die Menschen beobachteten. Der Mond schlug als Nachterscheinung eine Brücke zu den anderen Planeten und Sternbildern. Er stellt die Vermittlung dar zwischen dem Tagesgestirn Sonne, deren Licht er spiegelt, und den Planeten und Fixsternen, mit denen er den Nachthimmel teilt. Damals wurde es für die Menschen wichtig, die Erkenntnisse und das Wissen, das ihnen aus der geistigen Welt zugänglich war, in einen irdischen Zusammenhang zu bringen, es herauszunehmen aus dem Gesamten, um es dadurch bewußter zu begreifen. Hier konnte dies besonders gut geschehen durch den starken Einfluß des Mondes, wie gesagt, als Vermittler zwischen Tag und Nacht.

Nun begannen die Menschen das, was die Sonne, der Mond und die Sterne auf geistiger Ebene für sie ausmachten, in ihre physische Welt einzubringen. Sie begannen auch, auf physische Erscheinungsformen der Gestirne zu achten, und leiteten aus dem Wissen um die Geistigkeit der Sonne, des Mondes usw. die kosmischen Gesetze derselben und ihren Einfluß auf die Erde ab. Sie wollten dies auch darstellen, mit irdischen Mitteln bannen, die großen geistigen Gesetze auf den kleinsten gemeinsamen Nenner bringen, sozusagen konzentrieren, sammeln. Ihre Mittel dazu waren natürlich irdischer Natur. Sie bestanden aus Holz- oder Steinkreisen und eben Sonnenscheiben aus Metall oder Ton wie auch weiteren kreisförmigen Abbildungen aus anderen Materialien. Diese wurden immer in wechselseitigem Bezug aufeinander hergestellt und angewendet. Sie waren der Beginn des abstrakten menschlichen Denkens, der

Geometrie, die ja nichts anderes ist als die Abbildung kosmischer geistiger Gesetze mit irdischen Mitteln.

Wie kommt es, daß hier in einer so ländlichen Gegend im Mittelalter offensichtlich soviel naturwissenschaftliche Forschung betrieben wurde, soviel Kultur lebte?

Also, eines ist ja klar. Diese Landschaft trägt in sich, in ihrem Erscheinungsbild, eine Menge Gegensätze, die nach Auflösung und Verbindung suchen. Dadurch entsteht eine Spannung und ein innerer Ruf in den Menschen nach Ausgleich und Harmonie. Dieses regt sie dazu an, daß sie sich diesen Ausgleich selber schaffen – in Form von Musik, Philosophie, Malerei, Dichtung und so fort. Damit stellen sie den äußeren Spannungen der Landschaft innere Harmonie entgegen. So ist Kultur hier im Mittelalter entstanden, so entsteht sie auch heute noch.

Danke sehr, ich denke, ihr habt mir meine Fragen beantwortet, und mir scheint, ich bekomme gerade irdischen Besuch...

Sie flackern, lächeln, wirbeln und verschwinden.

Mittwoch, 9. Juli 2008, in Hüttenrode

Gespräch mit dem Landschaftshüter des Harz

Viel ist passiert bis zu diesen Gesprächen. Beinahe wäre ich nach Hause gefahren. Die Strecke zu meiner jetzigen Station bin ich zu Fuß gelaufen, um mein Pferd mit dem Satteldruck soviel wie möglich zu entlasten. Drei Wochen Ruhe, hat der freundliche und mitfühlende Tierarzt gesagt, der auf meinen Anruf hin sofort zur Stelle war. Das kann ich mir zeitlich nicht leisten. Dann also abbrechen, dachte ich und rief schweren Herzens zu Hause an, um die Nachricht zu verkünden. Aber meine Familie wußte Rat: Sie schlugen einen Pferdewechsel vor und ermutigten mich, mit unserem anderen Pferd Vickon weiterzureiten. Er war zwar untrainiert und ein Springinsfeld im wahrsten Sinne des Wortes, aber ich würde meinen Weg verhältnismäßig bald fortsetzen können. Ich trenne mich nicht allzu leicht von Hunter, da er mich so lange getragen hat. Das sind jedoch menschliche Erwägungen. Darüber hinaus dürfte ihm das Meer egal sein, das ich erreichen will. Also warte ich auf meine Eltern, die mir Vickon bringen und Hunter mit nach Hause nehmen werden.

Derweil bin ich bei einem alleinerziehenden Vater, der arbeitslos ist, und seiner 13jährigen Tochter untergekommen, die alles, was sie haben, selbstverständlich mit mir teilen. Zum Dank helfe ich, die etwas vernachlässigte Wohnung aufzuräumen, und wasche einige Körbe Wäsche.

Täglich besuche ich meine Pferde. Erst das eine, später – als es da ist – das andere. Sie stehen auf der Weide neben einer riesigen zerfallenden Schweineproduktionsanlage aus Zeiten der DDR – langgestreckte, rechteckig zueinander angeordnete Gebäude, ein Turm, Laternen und Stacheldraht, alles rostig, löchrig, zeitzerfressen, aber umgeben von der Kühnheit und dem herben Schwung der Landschaft. In der Ferne sehe ich die Berge des Harz und schemenhaft den Brocken. Hier unterhalte ich mich mit dem Landschaftshüter und dem Hüter des Brocken.

Lieber Landschaftshüter des Harz, ich möchte von Dir über Deine Landschaft erfahren, was wichtig wäre, den Menschen mitzuteilen. Würdest Du mit mir sprechen?

Taucht auf, ist bereit für ein Gespräch. Er ist etwa menschengroß, etwas „massiger", trägt ein wallendes, wirbelndes Gewand, das aus vielen Schichten zu bestehen scheint, die übereinanderliegen und ineinander übergehen. Besonders dominieren die Farben Grün und Lila in allen Schattierungen. Markant ist auch eine Kopfbedeckung, grün, ausladend, etwa wie ein Hut mit Feder oder Schleier.

Ich weiß, daß dieser Boden eine lange Geschichte hat mit Meer, Bewaldung, Vulkanismus, Plattenverschiebung, und daß zuletzt das damals vorhandene Gebirge sozusagen „zerbrochen" ist und nun abgetragen wird. Was bedeutet dies für die Kräfte, die in dieser Landschaft leben?

Ja, vielfältig wie die Geschichte ist auch die Energie der Landschaft, obwohl inzwischen alle Kräfte schon wieder so gut durchmischt sind, daß man eher reichhaltig sagen sollte. Sehr wichtig für die Landschaft ist das letzte Ereignis, der Einsturz des Gebirges und das Aufbrechen der Erdkruste durch Erdbewegung.

Ich muß dir etwas erklären. Wenn Du eine Substanz, die fest ist, zerbrichst, ist das die heftigste und abrupteste Form der Veränderung, da sie übergangslos ist. Man kann dann bis in das Innere der zerbrochenen Materie schauen, bei einem Kristall z.B. – Es werden aber nicht nur alle Bestandteile sichtbar, sondern auch ihre Kräfte freigesetzt, weil sie nicht mehr dazu gebraucht werden, das Material zusammenzuhalten. So werden unzählige Elementarwesen befreit, wenn man z.B. in einem Bergwerk sprengt oder wenn gepflügt wird oder ähnliches.

Nun ist ja genau das in dieser Landschaft passiert: Bestehende Gebirgszusammenhänge zerbrachen regelrecht, und schlagartig wurden viele, viele Kräfte freigesetzt. Es ist hier die Erdkruste zerborsten, und daher wimmeln die Wesen, die sie zuvor festhielt, nun über ihr. Auch schließt ja eine zerbrochene Kruste die Erdkräfte nicht mehr nach oben hin ab, so daß hier die Energien aus den tiefsten Tiefen der Erde ungehindert aufsteigen und wirken können. Und es ist ja auch ein wenig die Gefahr, daß ein solcher Ort in Chaos ausbricht, zumal sich unter- und überirdische Energien ja sehr unterscheiden und man immer gut aufpassen muß, wenn sie sich vermischen, damit es kein Durcheinander gibt.

So also hat diese Landschaft ein großes energetisches Potential, das sich zur Fruchtbarkeit und zum Schöpfertum, zur Heilung und Erneuerung, aber ebenso zur Zerstörung, Gewaltsamkeit und Lebensfeindlichkeit hinneigen kann. Der jeweilige oberflächliche Boden, also Kalk oder Sandstein, bestimmt die Färbung, die die Energie im einzelnen annimmt. Kalk schwingt, Sand schweigt.

Du siehst hier auch viele Fichtenwälder und Buchen. Die Fichte als Saturnbaum stellt ein Gegengewicht dar zu der Energie des Bodens: Mit ihren starken Formkräften, mit Energien der Kristallisierung und der Neuordnung ergänzt sie sich sehr gut mit den in dieser Landschaft eher chaotischen Erdkräften und leitet sie in die richtigen Bahnen. Auch die Buche als Baum des Mars hat eine ähnliche Aufgabe. Sie steht vor allem in den unteren Bereichen des Harz und sorgt für die Lebendigkeit und den Fluß der Landschaftskräfte.

Ich würde natürlich sehr gerne wissen, was Du zu dem ausgeprägten „Hexenkult“ dieser Gegend sagst...

Das ist leicht zu erklären. Wie gesagt ist diese Landschaft ein Ort mit starken unterschiedlichen Kräften, die genauso im Guten wie im Schlechten wirken und wirkend gemacht werden können. Man könnte auch sagen, der Harz ist eine Landschaft auf Messers Schneide. Die Naturvölker, die hier lebten, nahmen diese Möglichkeiten beide in Anspruch. Je nachdem, was sie erreichen wollten – denn sie wußten natürlich darum –, nutzten sie die Kraft, die die Landschaft ihnen gab, auf lichtvolle oder auch mal auf dunkle Art und Weise.

Weißt Du, damals waren die Menschen noch so unselbständig, da durften sie das in gewissem Rahmen. Und ebenso merkten auch die Vertreter des Christentums und der „Zivilisation“, die irgendwann hierherkamen, wie vielfältig und kräftig die Energien hier sind. Leider war ihre Schwarze Magie sehr viel schlimmer und verheerender als die der vorherigen Menschen. Sie fingen an, Schwarzen Zauber zu treiben mit den Kräften des Ortes, um die Menschen einzuschüchtern und zusammenzutreiben wie eine Herde Schafe, wenn es donnert. Also daher kommt der ganze Hexenkult.

Die Naturvölker hatten natürlich Respekt vor den Naturgewalten, wußten aber mit ihnen umzugehen. Durch die Veränderungen ihres Lebens im beginnenden Mittelalter verlernten sie dieses jedoch, und die „Zivilisierten“ übernahmen die Führung, nahmen ihnen ihr Wissen und Selbstverständnis. Besonders auch christliche Missionare nutzten nun dieselben Kräfte, die den Kelten und Germanen gedient hatten, um sie gegen diese zu verwenden und so die hiesigen „Ureinwohner“ in ihre Macht zu bekommen. So war das.

Aus Weisheit und Respekt im Umgang mit den Naturkräften wurde Unwissenheit und Angst; aus Gebrauch Mißbrauch. Die wirklich schwarzen Ströme, die zum Teil hier immer noch fließen, wurden damals von den Neuankömmlingen erst ausgegraben, und die wirklichen Hexen waren in vielen Fällen solche, die einige Mitglieder der Kirche selber bestellt hatten. Verstehst Du jetzt? Durch die Wandlung der Struktur in der Gesellschaft und Kultur der seit langem hier lebenden Urvölker entstanden erst die wirklich dunklen Kräfte der Gegend, da sie von christlichen Missionaren und anderen auf dunkle Art und Weise genutzt wurden.

Und aus Unwissenheit entsteht Angst: Erst kamen Menschen hierher, die mit der Religion der Naturstämme nichts anfangen konnten und Angst davor hatten; dann vergaßen die Naturstämme ihren Umgang mit den Naturkräften und bekamen auch Angst. Und aus Angst entsteht Zerstörung. Dies ist meine Botschaft.

Ich hätte eigentlich gerne noch etwas gefragt.

Ach so. Na dann frag mal.

Wie würdest Du die heutigen Menschen beschreiben, die in dieser Gegend leben? Und welche Aufgabe hat der Harz für Gesamtdeutschland?

Also, die Menschen, die jetzt hier leben, sind – ebenso wie die Landschaft – nicht auf einen Blick erkennbar, sie wirken auf Außenstehende unberechenbar. Sie haben ständig alle ihre Kräfte gleichzeitig zur Verfügung, und manchen fällt es auch schwer, diese Kräfte zu sortieren. Daher kann ein Mensch zunächst ruppig und schwer zugänglich wirken und zeigt im nächsten Moment ein „Honiggesicht“; oder jemand scheint sehr freundlich zu sein, und plötzlich zieht in seiner Miene ein Gewitter auf.

Man muß sich wohl etwas daran gewöhnen, denn diese Menschen sind nunmal in ihren Stimmungen und Reaktionen sehr wechselhaft und schnell. Dadurch haben sie aber auch die Fähigkeit zur Spontaneität, und vor allem können sie alles, was sie anpacken, sofort vollständig durchführen, da sie immer Zugang haben zu allen ihren Kräften, so wie – wie ich schon gesagt habe – über der Landschaft gleichzeitig sowohl Erden- als auch Über-Erdenkräfte schweben und greifbar sind. Menschen, die vielseitig sind, die neugierig sind und gerne Überraschungen erleben, die das Selbstvertrauen haben, sich auch mal in undurchschaubare Situationen zu begeben, die aber auch Aufrichtekraft und Struktur besitzen, sind hier gut aufgehoben.

Die Aufgabe des Harzes für Deutschland könnte man vielleicht mit der der Niere im menschlichen Körper vergleichen. Alles, alles fließt mit großer Geschwindigkeit hindurch, das Notwendige wird vom Unbrauchbaren getrennt, die Niere nimmt alles gleichzeitig auf, alles, was kommt. Du solltest mal in Deine eigene Niere hineinschauen können, da würde Dir Hören und Sehen vergehen von dem Tempo, das dort herrscht.

Es gibt übrigens, wie beim Menschen auch, zwei zusammengehörige „Nierenorgane" für Deutschland, und zwar ist das Gegenüber des Harzes der Schwarzwald. Natürlich ist der Schwarzwald nicht genau dieselbe Landschaft wie der Harz, aber die Kräfte sind sich so ähnlich, daß beide Landschaften dieselbe Aufgabe übernehmen. Schau, die Niere ist lebenswichtig, weil sie mit allen Energien zurechtkommt und sie ordnen kann – genauso machen es der Harz und der Schwarzwald für Deutschland. Das ordnende, kristalline Element der Niere kann man im übertriebenen Fall an Nierensteinen sehen, in der Landschaft von Harz und Schwarzwald siehst Du dieses in gesunder Weise in den Fichten, Tannen und anderen Nadelbäumen als Vertreter der ordnenden Saturnkräfte. Auch die Durchlässigkeit der Niere ist ja in der Struktur der Landschaft sogar als Durchgangsort für Erdtiefen-Energien gegeben. Man könnte es noch mehr ausführen, und vielleicht willst Du mal einen von diesen „Erd-Geometrikern" *(wahrscheinlich meint er Geomanten)* nach der Beziehung von Schwarzwald und Harz fragen, aber im Grunde hast Du es verstanden.

Stimmt. Und vielleicht kannst Du Deine Botschaft nochmal extra zusammenfassen?

Meine Botschaft: Liebe Menschen, versucht alles, was ihr nicht versteht, zu verstehen. Dann müßt ihr keine Angst mehr davor haben und könnt auf lichtvolle Art und Weise damit umgehen. Denn, seht ihr: Was man nicht kennt, macht Angst, und man meint, sich schützen zu müssen, und zerstört dabei vielleicht unwissentlich etwas sehr Schönes. Wissen und Verständnis sind die größte Macht gegenüber anderen Kräften. Ihr seid dazu bestimmt, alles zu verstehen, nicht alles zu bekämpfen. In dem Moment, in dem man versteht, wird Kampf unnötig oder kann in schöpferische Tätigkeit umgewandelt werden. Nicht fürchten sollt ihr euch, fragen sollt ihr; nicht zerstören sollt ihr, verstehen sollt ihr. Das wäre richtig.

Ich danke Dir für das Gespräch und Deine Botschaft.

Er geht, scheint sich ein bißchen aufzulösen und wieder zusammenzuziehen, bewegt, luftig.

Samstag, 12. Juli 2008, Hüttenrode

Gespräch mit dem Bergwächter des Brocken

Ich möchte sehr gerne mit dem Bergwächter des Brocken sprechen. Da ich diesen Ort aber nicht besuchen kann, muß ich mich an einen Jahre zurückliegenden Aufenthalt dort erinnern und mich für diesmal mit dem Anblick des Brocken aus ca. 30 Kilometern Entfernung begnügen. Ich bitte den Landschaftshüter um Vermittlung, da er mir ja bekannt ist.
Der Landschaftshüter hilft mir und zeigt mir das Bild des Bergwächters. Dieser ist einverstanden mit einem Gespräch, so daß ich ihn jetzt selber finden und „kontaktieren" kann.
Der Bergwächter ist größer als ein Mensch, mächtig, in seinem Gewand herrscht die Farbe Grau vor. Er hat einen wirren weißen Bart, ein wenig Hellblau im Kittel, seine Augen blicken eindringlich. Insgesamt hat seine Erscheinung etwas Wildes, obwohl er sich eher bedächtig bewegt. Besonders ausgeprägt nehme ich Gesichtszüge und Hände wahr.

Lieber Bergwächter, es ist ja wichtig für die Menschen, daß sie allmählich erfahren, welche Wesen in der Natur um sie herum tätig sind. Möchtest Du etwas von Dir und dem Brocken erzählen?

– *Er schaut nachdenklich.* – Der Berg und ich sind fast eins, ich bin so lange mit ihm verbunden, viel länger schon, als hier Menschen leben. Menschen fürchten sich oft vor Bergen, denn Berge sind launisch und heftig, oftmals hart, dann wieder lieblich. Menschen sind glatt und gleichmäßig, sie verteilen ihre Kraft, anstatt sie zu bündeln. Der Berg sammelt all seine Kräfte und gibt sie in einen Moment, eine Aufgabe, voll und ganz. Menschen zerstreuen ihre Kräfte in alle Richtungen, sie tun alles gleichzeitig und von jedem ein wenig. Im Moment, im Augenblick sind die Berge stärker; auf die Dauer ist der Mensch ihnen überlegen. So wie Wasser den Stein nach langer Zeit erweicht, so wie der Fels das Wasser für einen Moment lang hemmt, so geht es mit Menschen und Bergen. Die Menschen erklettern, bezwingen, entzaubern die Berge nach und nach, aber immer wieder, in Augenblicken, unterliegen sie der Kraft eines Berges.

Was lehren Berge die Menschen?

Berge sind immer da, aber immer anders. Jeden Menschen lehrt ein Berg etwas anderes.

Aber alle Menschen lernen von allen Bergen Demut vor der Gewaltigkeit und Größe der Schöpfung; Ehrfurcht vor der Natur mit ihrer unerbittlichen Entschlossenheit, für ihr Gleichgewicht zu kämpfen, den Moment mit allen Kräften besitzen zu wollen.

Was lernen wir vom Brocken?

Selbstüberwindung seit eh und je. Überwinde Dich und schau Dir selber in die Augen, erkenne, was in Dir liegt. Menschen wissen, daß ein Bildnis, welches die Götter oder den Kosmos zeigt, den Betrachter überwältigen und blind machen kann. Es ist aber auch ihr eigenes Gesicht, dessen Anblick nur wenigen keinen Schrecken zufügt. Manchmal ist es aber auch gar nicht schlimm, nämlich dann, wenn Du Dich anschauen kannst wie die Sonne alles Leben – mit der Einstellung: Es ist alles gut, für den Moment ist es vollkommen.

Der Brocken wird beleuchtet von einem fernen Planeten – Uranus –, der für die Menschen im Moment noch nicht der wesentlichste ist. Auch Erzengelkräfte gehören dazu, die euch noch fremd sind und außerhalb der sieben liegen. Der Brocken fordert die Menschen auf zu etwas, was ihnen in diesem Erdenzeitalter nie ganz möglich sein wird: Springt über euren eigenen Schatten! Oh, eine andere Art von Selbsterkenntnis ist das als die, welche Dir bekannt ist! Du schaust Dich an und siehst nur Deinen Bauchnabel, in Wirklichkeit bist Du jedoch viel größer. Jene Selbsterkenntnis, die der Brocken lehrt, ist radikal und umfassend und deshalb für manchen schmerzhaft. Nicht jeder darf auf dem Brocken in den Spiegel seiner eigenen Augen schauen, und wehe dem, der es erzwingt.

Wird der zur Hexe?

Dunkle Magier schauen mit kaltem Herzen sich selber an und entwickeln eine Macht über die Wesen, mit der sie sich selbst zerstören. Sich selber zu sehen verleiht Macht, sich selber zu verstehen verleiht Weisheit. Es sind Kräfte der fernen Zukunft, die auf dem Brocken leben. Die Menschen, die davon wußten, konnten sie für sich nutzen, im Guten wie im Bösen.

Der 1. Mai, Walpurgisnacht, ist ein altes Fest der Verehrung der Sonne und der Fruchtbarkeit. Es ins Dunkle zu drehen richtet Schaden an. Nur in dieser Nacht konnte die Selbsterkenntnis erzwungen werden, ansonsten war nie ein Mensch stark genug dazu. Wer sich selber kennt, kennt auch die Welt und kann ihr befehlen. Wer sich aber nicht auch mit der Kraft des Herzens erkannt hat, sieht nicht das Ganze und teilt alles, was um ihn herum ist, in zwei Hälften. Die dunkle Magie treibt die Gegensätze der Welt immer weiter auseinander, anstatt sie zu verwandeln und eins werden zu lassen, wie es die Weiße Magie tut.

Oh, es sind viele schlimme Dinge geschehen, auf dem Brocken-Berg, so daß es manchmal schwerfällt, sein Licht zu sehen. Aber es ist dort, wie überall auf der Erde! Zur Sommersonnenwende tanzen die Feen auf dem Brocken und feiern das Fest des Reifens und der Sammlung. Nur haben es die Menschen schon lange vergessen. Alle sind dazu eingeladen, mitzutanzen und Weisheit in die Welt zu bringen. Kommt mit Glocken, Flöten und bunten Bändern zu Johanni auf den Brocken, dann tut ihr dem Berg und der Erde etwas Gutes, und der alte Bergwächter hat über etwas zu lächeln. Weiß ist eigentlich die Farbe des Brocken, seht ihr es nicht? Klarheit kann er euch schenken, wenn ihr ehrlich und dazu bereit seid.

Was ist Deine Aufgabe?

Ich verbinde die Kräfte, die durch den Berg aus der Erde aufsteigen, mit denen, die aus dem Kosmos auf ihn herunterwirken. Ich führe die Menschen über den Berg und in ihr Inneres, wenn sie möchten.

Hast Du eine Botschaft?

Noch nicht. Später einmal.

Vielen Dank für dieses sehr wichtige und interessante Gespräch.

Samstag, 19. Juli 2008, Pietzpuhl, nördlich von Magdeburg

Gespräch mit der Landschaftshüterin der Magdeburger Börde

Bis hierher habe ich nun etwas länger gebraucht, als es mit Hunter der Fall gewesen wäre. Das lag daran, daß ich mit Vickon kürzere Tagesetappen reiten und häufiger Ruhetage einlegen mußte. Zudem habe ich mich stark erkältet und muß mich dringend auskurieren. Ausgerechnet bei der etwas verzwickten Umrundung Magdeburgs mit vielen Vorstädten und dementsprechendem Verkehr und mit einem noch etwas ängstlichem und daher recht unberechenbaren Pferd habe ich Schnupfen, Halsschmerzen und Fieber. Außerdem muß ich auch noch eine neue Sattelunterlage besorgen, um bei Vickon Satteldruck zu verhindern, während ich eigentlich nur denken kann: „Wo ist das nächste Bett?!“
Unterwegs habe ich meine Packtaschen vor mir am Sattel befestigt, um Taschentücher, Echinacintabletten und – vor jeder schwierigen Stelle, etwa einer Brückenüberquerung – Traubenzucker zum Wachwerden jederzeit griffbereit zu haben.
Nun lege ich auf einem Hof nordöstlich von Magdeburg einen Ruhetag ein, erhole mich von meiner Erkältung und führe dieses Gespräch. Um mich herum ist ein dichter Eichen-Mischwald, unter mir der schwere dunkle Erdboden der Börde. Es regnet ein wenig, und der Duft von nassem Laub und Baumpilzen steigt vom Waldboden auf. Außer dem leisen Klicken der Regentropfen auf den Blättern der Bäume ist nichts zu hören, und ich spüre die Gegenwart der Landschaftshüterin, bevor sie sich mir zeigt.

Liebe Landschaftshüterin, darf ich Dich den Menschen beschreiben? Ich würde Dir auch gerne einige Fragen stellen, um Deine Landschaft zu verstehen.

Sie tritt vor mich hin, wuchtig, untersetzt, viel Schwere und Stabilität geht von ihr aus; sie ist einverstanden, daß ich ihr Aussehen beschreibe. Sie ist größer als ein Mensch, dunkelblau, mit langsam fließenden Formen und Bewegungen im Gewand. Sie hat langes dunkelbraun-schwarzes

Haar und ruhige feste weise Augen, die wie in die Tiefe der Erde zu führen scheinen.

Ich habe Deine Landschaft noch nicht richtig verstanden – möchtest Du mir etwas über ihre Entstehung erzählen? Dies weiß ich schon: Ich stehe auf besonders fruchtbarem, durch Ablagerungen entstandenem Boden.

Ablagerungen bedeuten immer Ansammlungen, Zur-Ruhe-Kommen von Prozessen, Konzentration von Kräften. Ein Komposthaufen ist ja auch eine Ablagerungsstelle, an der alle möglichen Energien zur Ruhe kommen. Zur Ruhe kommen heißt aber nicht, inaktiv zu bleiben. Im Gegenteil, ein Komposthaufen ist mit seinen abbauenden Wesenheiten ein äußerst produktiver Ort! Nur findet hier eben das Gegenteil vom Pflanzenwachstum – das heißt, Spezialisierung in eine Form – statt, nämlich der Zerfall von Form, das Gleichwerden aller Bestandteile zu einer alles enthaltenden Masse, aus der wiederum alles entstehen kann. Du kannst dir die Börde wie einen großen Komposthaufen vorstellen, auf den in riesigen Zeiträumen alle möglichen Substanzen abgelagert wurden. In riesigen Zeiträumen baute sich dies alles ab, wurde umgewälzt, zerfiel zur Einheit, wurde dann wieder emporgehoben und stand als fruchtbare Basis für neues Wachstum zur Verfügung.

Ist es nicht so, daß auf einem Komposthaufen oder an einem Moderpunkt in der Natur Planetenkräfte aufgenommen werden? Erzähle mir doch etwas über die Planetenkräfte, die auf die Börde wirkten und wirken.

Es ist so, daß eigentlich verschiedene Planetenkräfte auf diesen Boden einwirken, daher ist er ja auch so fruchtbar. Durch Ablagerung von Pflanzen sind vor allem Saturn- und Venuskräfte in den Boden geflossen, Sonnenkräfte und Merkurkräfte wirken heute auf ihn ein; außerdem zog diese Gegend schon immer Marskräfte an.

Ich will es etwas erklären. Die Kräfte, die vom Saturn aus auf die Erde wirken, haben mit den allerersten Anfängen der Erdentstehung zu tun. Daher sind immer dann, wenn auf der Erde etwas Neues entsteht, Saturnkräfte mit am Werk. So war auch die Pflanzenwelt in ihrer Entstehungszeit vor allem von Saturnkräften geprägt. Es gab, ganz äußerlich gesehen, hauptsächlich Farne, Nadelhölzer und viele immergrüne Pflanzen, in denen die kristalline Formkraft des Saturn wirksam war. Durch Ablagerungsvorgänge solcher Pflanzen kamen die Saturnkräfte in die Magdeburger Börde.

Die Venuskräfte kommen wiederum von ganz woanders her. Diejenigen Wesenheiten, welche vor langer Zeit an dieser Stelle der Erde Impulse gaben und für ihre eigene Entwicklung dabei etwas mitnehmen konnten, standen mit der Venus in Zusammenhang.

Die Marskräfte... Nun ja, wie es die Aufgaben der Menschen in der heutigen Zeit fordern, sind eben in ganz Mitteleuropa seit einiger Zeit Marskräfte wirksam. Die Kräfte des Mars, des Eisens, prägen ja die momentane Hochkultur in Mitteleuropa, und Du siehst ihre hier besonders starke Anwesenheit auch an den vielen Eichen, Buchen und Ebereschen.

Mit dem Getreide- und Feldfrüchteanbau brachten die Menschen dann Sonnen- und Merkurkräfte mit. Getreide und viele Obstsorten ziehen Sonnenkräfte an, Kartoffeln, Leguminosen, Zwiebel- und Knollenpflanzen brauchen hingegen Merkurkräfte zum Wachsen. Der Boden hier besteht also aus einer Mischung aus Altem und Neuem, schon immer vorhandenen beziehungsweise von großen geistigen Wesenheiten hinterlassenen Kräften und solchen, die die Menschen erst anlegten. Die Börde versammelt sie alle, vermischt und vermengt sie miteinander, gleicht sie mit ihren verarbeitenden „Komposthaufenkräften" einander an. Die Menschen haben diese Landschaft zunächst durchaus bereichert, dadurch, daß sie Hand anlegten. Sie sollen diesen guten Boden ja auch gerne nutzen, aber seit wir hier die Zeit des großen Rasenmähens und Heckenbeschneidens unter den Menschen hatten, überstrapazieren sie ihren Boden doch um einige Längen. Aber ich habe gute Hoffnung, daß hier auch bald wieder andere Ideen gedeihen. Wenn man hier in nicht allzu langer Zeit wieder zur Vernunft kommt, kann die Börde es verkraften.

Erzähle mir von den Menschen, die hier leben – wie waren sie, wie sind sie, was bewirken sie?

Ich denke, das tue ich gleich, nachdem ich Dir Deine Frage nach der Aufgabe der Landschaft beantwortet habe, die Du jetzt gerade am besten verstehst. Die Aufgabe der Börde für Deutschland ist der eines Verdauungssystems ähnlich. Energien werden hier ständig aus dem Kosmos aufgenommen, verarbeitet und umgewandelt, so daß sie für irdische Verhältnisse nutzbar sind. Auch Einflüsse aus anderen Teilen Deutschlands können in dieser Landschaft aufgearbeitet werden und sind dadurch für das Land verwendbar. Die Börde ist eine Landschaft, die ganz Deutschland mit bodenständigen Kräften stärkt. Man könnte sagen, wenn Entwicklungen des Landes kultureller, gesellschaftlicher oder welcher Art auch immer in der Börde angekommen und verankert sind, dann hat das Land sie wirklich verinnerlicht, sie wirklich verdaut.

Jetzt zu den Menschen. Die Menschen haben hier einen Hang zur Gründlichkeit: Was sie machen, machen sie richtig und fundiert, ihr würdet sagen „wenn schon, denn schon“. Sie lieben es, alles immer in Ordnung zu bringen und Klarheit zu schaffen, Unvollständigkeit und Unregelmäßigkeit sind ihnen ein Greuel. Wie auch der Komposthaufen nur oberflächlich ein „chaotischer Haufen“ ist und sein Innenleben wohlstrukturiert, so sieht auch diese Gesellschaft, ja sogar der einzelne Mensch aus. Es mag der eine oder andere unsortiert und unmotiviert wirken, eigentlich ist er jedoch recht wahrscheinlich ein Mensch, der zu seinem Wort steht und seine Angelegenheiten in Ordnung hält. Aus diesen Tendenzen können sich auch Auswüchse wie Kleinlichkeit, Perfektionismus und Pedanterie bilden – natürlich, alles hat eben zwei Seiten.

Möchtest Du noch etwas wissen?

Ja, vielleicht hast Du noch eine bestimmte Botschaft für die Menschen?

Die habe ich. Es gibt nichts, keinen Wert, keine Erfahrung, was sich nicht irgendwie für einen guten, nützlichen Zweck verwenden ließe. Nicht auf das Was, auf das Wie kommt es an! Gebt nicht so schnell eure Ressourcen aus der Hand, habt mehr Geduld, verwerft nicht alles, was nicht sofort funktioniert, laßt Ideen ruhen, aber gebt sie nicht auf. Es muß eben manches zugedeckt werden und ruhen, um zum Nährboden für etwas Schönes, Neues zu werden.

Liebe Landschaftshüterin, ich danke Dir für Deine Botschaft, aber könntest Du sie nicht noch etwas verständlicher ausdrücken, es wird sie sicher mancher nicht gut verstehen...

Eben, das ist es, genau das ist es ja!!! Siehst Du, Du hast auch keine Geduld! Lasse die Botschaft ruhen, laßt alle, die ihr sie erfahrt, die Botschaft ruhen und in euch hinuntersinken, dann – irgendwann – wird euch der Sinn schon aufgehen. Das meine ich, damit fängt es an, und die Art, wie meine Botschaft erschlossen werden muß, ist ein Teil von ihr.

Du hast recht. Vielen Dank für das Gespräch, und danke auch für diese Übung.

Sie ist wieder etwas versöhnter, lächelt, hebt die Hand wie zum Gruß, verbindet sich mit der Erde und verschwindet.

Mittwoch, 23. Juli 2008, Wulkau

Gespräch mit Wassergeistern, Nymphen und Nixen aus der Elbe

Zwei Tage lang bin ich an der Elbe entlanggeritten, bei kräftigem Wind durch die Schwemmwiesen des Flusses und manchmal verbotenerweise auch auf dem Damm. Es ist angenehm kühles Wetter, und den ganzen Tag über begegnen wir Kormoranen, Reihern, Störchen, Bussarden, Fischottern, Hasen und anderen Tieren, die am Elbufer leben. Nur selten treffen wir Menschen, die alle paar Stunden allein oder zu zweit auf dem Damm auftauchen und dort mehrere Kilometer weit zu sehen sind. Um mit den Wassergeistern zu sprechen, muß mir aber diese Erinnerung und die Nähe der Elbe genügen. Der Hof, auf dem ich Rast mache, ist einige Kilometer vom Wasser entfernt. Ich habe mich vom Feriengetümmel, das auf dem Hof herrscht, in den Wald zurückgezogen und schreibe, auf einem Baumstamm sitzend, das folgende Gespräch.

Liebe Wassergeister der Elbe, habt ihr den Menschen etwas mitzuteilen?

Ich nehme eine Gruppe von Wasserwesen wahr, im Vordergrund eine große Nymphe weiblicher Gestalt; sie und die anderen sind hellblau-weißlich-durchscheinend, bewegen sich ständig, verändern ihre Form, scheinen mal näher, mal entfernter zu sein.

Große Nymphe: Wir sind weise, wir könnten euch vieles lehren, wenn ihr zuhören und begreifen wolltet.

Erklärt mir doch bitte, was ist ein Fluß, was ist das Besondere, das ihn ausmacht?

Ein Fluß ist Leben. Ein Fluß ist Spiegel. Ein Fluß ist ein besonderer Ausdruck der hohen Engelhierarchien, die sich im Wasser auf der Erde offenbaren. Ein Fluß ist das Gegenteil des Meeres. Das Meer schwappt immer hin und her, hin und her, ein Fluß fließt immer weiter in dieselbe Richtung, er kehrt nie zurück. Alle Flüsse fließen ins Meer. Das Meer ist die Vollkommenheit der Gottheit, der Fluß ist ihr Weg dorthin. Große Seelen, Führer der Menschheit, sind im Verhältnis zur Urgottheit wie der Fluß zum Meer. Sie gehen aus ihr hervor – alles Wasser kommt aus dem Meer –, erschaffen sich wie neu, verändern etwas in der Lebenslandschaft, durch die sie gehen, und kehren zur Gottheit zurück, bereichert um eigene Entwicklungsschritte. Ein Fluß entspringt aus einer Quelle, hat einen Ausgangspunkt, ein Meer ist einfach da. Daher ist ein Fluß auch das Bild eines sich ständig erneuernden Bewußtseins, also einer Wesenheit, die auf dem Weg ist, die sich entwickelt.

Du kennst das vielleicht schon: Das Meer hat die Zahl 1 oder 12, beides bedeutet Vollkommenheit, es kann dem Weihnachtsgeschehen zugeordnet werden. Der Fluß hat die Zahl 7, er wird mit dem Osterfest in Verbindung gebracht, mit Neuschöpfung und Fortentwicklung einer Gottheit. Da das Osterfest Quellkräfte besitzt, ist das Quellwasser zu dieser Zeit besonders heilkräftig – der Brauch, zu Ostern Osterwasser an der Quelle zu holen, ist ein Überbleibsel jener Zeit, als die Menschen noch intuitiv um diese Tatsachen wußten.

Der Fluß ist der Beginn der Schöpfung. Im Urbeginne war da nur das Meer. Dann trennte die Urgottheit das Wasser vom Land, ab diesem Zeitpunkt konnte es Gegensätze geben und Flüsse.

Das Meer ist der Atem dieser hohen Hierarchien, von denen ich sprach, die Flüsse sind ihre Worte.

Was bewirkt ein Fluß im Menschen im Gegensatz zum Meer?

Menschen, die viel mit dem Meer zu tun haben, entwickeln in sich Kräfte des Atems, der Hinnahme und Hingabe. Ein Fluß läßt die Menschen zu ihrem Schöpfertum finden, er hilft ihnen, sich selber immer wieder neu zu schaffen.

Warum trennt die Elbe die Menschen, die an ihren beiden Ufern leben, so sehr, daß sie nichts voneinander wissen?

Das ist so: Physisch gesehen fließt der Fluß zum Meer, energetisch gesehen fließen Ausgleichsenergien zur Quelle – es würde ja sonst ein Ungleichgewicht entstehen. Auf der Ostseite eines Flusses sind die Abwärtskräfte für die Menschen besonders wirksam, denn die Sonne erreicht ja sozusagen die Ostseite als erstes und unterstützt hier die Kräfte des Morgens, die von der Quelle her kommen. Auf der Westseite des Flusses wirkt sie „abendlich", sie stärkt also die Kräfte, die zur Quelle zurückkehren, wie die Sonne im Westen sich auf den „Rückweg" in die Nacht begibt. So wirken die stromaufwärts gerichteten Kräfte des Flusses besonders an seinem Westufer; an seinem Ostufer wirken diejenigen Kräfte, welche stromabwärts fließen. Dies hat zur Folge, daß sich die Menschen an Ost- und Westufern von Flüssen völlig unterschiedlich entwickeln. Daher haben Flüsse oft einen stark trennenden Charakter, der sie auch häufig zu Landesgrenzen werden läßt.

Obwohl ich die Elbe nur von Hamburg her kenne, habe ich sie in Magdeburg sofort als Elbe erkannt – was macht die Elbe aus, welche ist ihre besondere Aufgabe?

Die Elbe ist ein Fluß der Leichtigkeit, sie bringt in ihrem Verlauf diese Energien in die Landschaft. Geprägt Durch ihren Quellort und die Landschaften, durch die sie fließt, steigen aus ihr vor allem Energien der Zartheit, Leichtigkeit, Unbeschwertheit und Feinheit auf. Sie ist ein Fluß, der besonders zum Träumen einlädt, der hilft, große Ideen zu entwickeln, große Würfe zu wagen, einfache Lösungen zu finden. Wenn die Menschen das wüßten, würden sie zur Elbe kommen, um sich inspirieren zu lassen.

Ein anderes Wasserwesen ruft: Denkt euch nur, an wessen Gewand ihr euch vergreift, wessen Atem und Worte ihr anrührt, wenn ihr das Meer und die Flüsse verschmutzt! Ihr könntet wahrhaftig Besseres mit euren Flüssen und Meeren anfangen!

Die große Nymphe: Ihr macht es uns schwer, die positiven Kräfte des Flusses weiterhin entstehen zu lassen und in die Landschaft zu lenken, wenn ihr ihn verunreinigt. Unsere Aufgabe ist es, das Typische der Elbe zu unterstützen und auch die Landschaft, durch die der Fluß fließt, von Spannungen und unguten Energien zu reinigen, die der Fluß auf seinem Weg mitnimmt. Wir können vieles umwandeln und auf der anderen Seite verwandelt wieder in die Landschaft schicken, was wir auf der einen Seite an Schwere aufgefischt haben. Das, was wir nicht verwandeln können, fließt ins Meer, zu den großen Meereswesen, die mit fast allem fertig werden. Aber in letzter Zeit wird es immer schwieriger für uns, diese Aufgabe ganz zu erfüllen, da der Fluß sogar absichtlich verunreinigt wird. Viel zuviel fließt unbearbeitet ins Meer, und auch dort gibt es zum ersten Mal seit langer Zeit Energien, die die Meereswesen nur mit großer Mühe ausgleichen können.

Wie lautet eure Botschaft?

Liebe Menschen, seht doch: Ein Fluß ist nicht nur ein Fluß, er ist Worte, Inspiration, und so reich. Ein Meer ist nicht nur ein Meer, es ist Atem und Ewigkeit. Ebenso stehen hinter jedem Wald, hinter jedem Berg, in Erde und Luft ein Wesen oder mehrere. Alles ist belebt, alles hat seine Aufgabe, die so viel größer ist als das, was ihr seht. Wenn ihr dem Wasser schadet, schadet ihr einer großen positiven Kraft, einer Kraft, die ihr noch gar nicht kennt und die vielleicht fast zerstört sein wird, wenn ihr sie bemerkt.

Wir wissen, daß viele Menschen inzwischen zumindest teilweise sehen können, welche Bedeutung die Natur für sie hat, und sich bemühen, es uns wieder leichter zu machen. Das wissen wir sehr zu schätzen. Aber es reicht noch nicht, zu vieles ist noch im Ungleichgewicht auf dieser Erde. Deshalb strengt euch an und tut alles, was ihr könnt, so wie wir es tun. Die Natur möchte mit euch zusammenarbeiten, weil sie auch euer Licht sieht – bitte nehmt doch das Angebot an, es ist gar nicht so schwer. Nehmt an, was für euch da ist, und gebt, was ihr zu geben habt! Wir hoffen sehr, daß ihr bald verstehen und erkennen könnt, welche Bedeutung euer Umgang mit der Natur für sie und euch hat. Wir hoffen auf euer Licht.

Vielen Dank, ihr Wasserwesen! Ich denke, wenn die Menschen erfahren, welche Aufgabe ein Fluß hat, werden sie euch mehr und mehr entgegenkommen. Ich werde mich nach Kräften bemühen, eure Botschaft zu übermitteln!

Sie winken, wimmeln, kehren zu ihren Aufgaben zurück.

Mittwoch, 23. Juli 2008, unterwegs

Das Kompaßgeistchen

Neulich entdeckte ich einen weiteren Mitreisenden, der schon eine ganze Weile dabei ist, den ich aber bislang nicht bemerkte. Ich will die erste Begegnung mit ihm aus der Erinnerung aufschreiben.

Mein Pferd Vickon und ich befanden uns gerade in einem Wald, die Karte stimmte wieder mal nicht, und ich zog den Kompaß zur Bestimmung unserer Marschrichtung zurate. Ich fand es sehr beruhigend, die Himmelsrichtungen einwandfrei feststellen zu können und unabhängig zu sein von der Elektronik. In Gedanken befaßte ich mich fasziniert mit der unfehlbaren Mechanik des Kompasses und sagte zu Vickon: „Der Kompaß irrt sich nie, darauf kann man sich verlassen. Wenn er Norden anzeigt, dann ist da Norden…"

Plötzlich war da ein winzig kleines Wesen auf meiner Hand, ein kleines, blaues Männlein mit roter Mütze, sehr fein und filigran, deutlich ausgestaltet mit spinnendünnen Gliedmaßen und spitzer Nase. Es stand da und, anstatt sich vorzustellen, schimpfte es wie ein Rohrspatz, und auf einmal zeigte die Kompaßnadel in die entgegengesetzte Richtung wie zuvor. Ich sprach es an und bat es, doch wieder nach Norden zu zeigen, aber die Kompaßnadel drehte sich mal hierhin, mal dorthin, und das Männlein kicherte: „Ich werd Dir schon zeigen, was Dein Kompaß alles noch kann, außer nach Norden zu zeigen!"

Darauf schimpfte ich zurück und sagte zu dem Männlein: „Das kann ja wohl nicht wahr sein, daß ich einen Kompaß habe, der nicht nach Norden zeigt; sowas kann ich überhaupt nicht gebrauchen. Es ist schließlich Deine Aufgabe, nach Norden zu zeigen, und wenn der Kompaß das nicht tut, dann nützt er mir gar nichts, dann besorge ich mir eben einen neuen!"

„Du machst es mir aber auch nicht gerade leicht, das muß ich schon sagen", erwiderte das Männlein, „immer steckst Du mich zu diesem fuuurchtbaren, uuunmöglichen Handy in die Tasche, es stört mich ganz schrecklich, es nervt mich und behindert mich, schreeecklich, verstehst Du?!?"

„Ich stelle das Handy doch extra immer mal wieder aus, wenn ich es nicht brauche, und außerdem muß ich die Strahlung ja selber auch aushalten, das Handy sitzt doch genau an meinem Bauch“, entgegnete ich.

„Ja eben“, rief das Kompaßgeistchen, „und Dein Bauch weiß auch schon gar nicht mehr, was er will!“

„Na gut, “ sagte ich, „dann stecke ich Dich eben in die Jackentasche, wenn ich Dich brauche. Ist das besser?“

„Nicht wirklich“, nörgelte das Männlein, und die Kompaßnadel entschied sich schon wieder für eine andere Richtung.

„Also hör mal“, erklärte ich, „jetzt zeigst Du mir schön nach Norden, und ich stecke Dich dann in die Jackentasche. Wenn das jetzt nicht bald klappt, dann kaufe ich mir bei der nächsten Gelegenheit einen neuen Kompaß!“

„Ist ja schon gut“, seufzte es und verschwand in den Kompaß. Die Nadel beruhigte sich wieder und zeigte stetig nach Norden, wie es sich für einen anständigen Kompaß gehört.

„Danke sehr!“ sagte ich – keine Antwort...

Seitdem unterhalten wir uns oft unterwegs. Das geht dann etwa so:

„Na, Kompaßmännlein, was sagst Du dazu? Links von uns müßte doch jetzt Norden sein...“

„Ja, natürlich, Du Dummerchen, schau doch, wo die Sonne steht!“

„Du hast recht! Aber wozu habe ich denn einen Kompaß?“

„Aaach ja, bin ich mal wieder gefragt, immer fragt sie mich... (murmel, murmel) und ich bin schon wieder so füüürchterlich irritiert und verwirrt von diesem scheußlichen Handygerät...“

„Oh, was ist das denn, ich dachte, wir gehen jetzt nach Westen??“

„Aaach, natürlich nicht! Wir sind gerade abgebogen, hast Du es nicht gemerkt?“

„Na sowas, stimmt ja, natürlich hast Du recht.“

„Na endlich hab ich auch mal recht – haaalt, nein, nein, nein, sooo nicht, Du hältst den Kompaß ja ganz schief, dabei kann ich doch nicht arbeiten, und so ein Gewackel ist auch nicht gerade förderlich, wie stellst Du Dir das denn jetzt vor – sooo ist wieder besser, herzlichsten Dank.“

„Aha, dann müßten wir jetzt auf diesem Weg...“ – „nein, Mooo-ment, ich muß doch die Richtung erst finden! Du bist wirklich ein hoffnungsloser Fall, ich glaube, Du lernst es nie!“

„Na also, da sollte doch jetzt gleich die Kreuzung...“ -

„Eben, siehst Du, geht doch – kannst Dich auf mich verlassen!“

„Ja, das kann ich. Vielen Dank...“

Donnerstag, 24. Juli 2008, in der Prignitz

Gespräch mit dem Gebäudegeist einer alten Wasserburg, der Plattenburg (erstmals urkundlich erwähnt 1319)

Es ist Abend, und ich muß mich fast schon mit dem Gespräch beeilen, um das schwindende Tageslicht zum Schreiben auszunutzen. Ich befinde mich im Innenhof der prachtvollen, gut erhaltenen Wasserburg, in deren Burgrestaurant ich zuvor zu Abend gegessen habe. Die Burg ist von einem mit Seerosen bewachsenen Wassergraben und einem kleinen Park mit großen, ehrwürdigen alten Trauerweiden und Blutbuchen umgeben. In der Abenddämmerung gleicht sie einem verwunschenen Schloß.
Am nächsten Morgen frühstücke ich in der Pension am Nebentisch der anscheinend mißgestimmten und ganz und gar nicht verwunschenen Abgeordneten der Grünen von Brandenburg. Sie ist mit einer Freundin auf einer Wahlkampf-Fahrradtour, wie mir ihr junger und sichtlich gestreßter Mitarbeiter leise mitteilt, als die Dame einen Moment aus dem Raum ist. Reisende unter sich.

Guten Abend, lieber Burghüter, ich würde mich gern mit Dir unterhalten. Kannst Du kommen?
Zwei Gestalten erscheinen; eine männliche Gestalt: Groß, weißes Haar und Bart, sehr dominanter Kopf, Gewand wie metallisch, rötlich-gelblich schimmernd, sehr flink.

Eine weibliche Gestalt: Ebenfalls weißes Haar, auffällig sind blaue Augen, regenbogenfarbenes Gewand und spitzer Hut.

Wer seid ihr?
Fee: Ich bin aus dem Bereich des Feuers, eine Kulturträgerin, und habe mich vor langer Zeit mit der Burg verbunden.

Gnom: (glockenartige Stimme) Ich komme aus dem Kristallbereich der Erde und bin auf der Burg, seit es sie gibt.

Es kommen eine Nymphe aus dem Burggraben und ein Sylphenwesen aus der Kapelle hinzu.

Nymphe: Ich hüte die Burg, seit das Wasser hier ist, ich halte Unreines fern und spüle Spannungen fort, die sich im Innern der Burg ansammeln.

Sylphe: Ich hüte die Burg von innen, inspiriere und schaffe Klarheit seit Bestehen der Kapelle.

Oh, danke für die Vorstellung, mir scheint, wir haben diesen Abend eine ganze Konferenz. Sprecht bitte deutlich, soviel auf einmal bin ich nicht gewöhnt! Ich möchte euch gerne Fragen stellen zu euren Aufgaben und zur Geschichte und Bedeutung der Burg.

- Erwartungsvolle Blicke -

Erzählt mir, welche Bedeutung diese Burg in der Vergangenheit hatte. (Und bitte langsam, einer nach dem anderen!)

Kristallgnom: Zuerst war die Burg eigentlich nur eine Spielfigur, die wie auf einem Schachbrett hin- und hergeschoben wurde. Große Herrschaften lagen sich manchmal nächtelang wegen dieses Kleinods in den Haaren. Es gab da zwei Brüder, die sich ständig foppten, wenn sie über die Verwendung der Burg sprachen. Sie bauten sie gemeinsam und mehr aus Spaß, und beide wollten jagen und angeln gehen und ihre Frauen mitbringen.

Regenbogenfee: Als aber die Burg in den Besitz der Kirche überging, nachdem sich einer der Nachfahren der Brüder so verschuldet hatte, daß die Burg gepfändet wurde, änderte sich das. In dieser Zeit kam auch ich dazu. Die Bischöfe, die hier herkamen, waren – nicht alle, aber viele – ernsthafte Leute, tüchtige Geschäftsleute und Wissenschaftler. Wenn sie sommers hier waren, arbeiteten und brüteten sie über Plänen für das Land und die Bauern, sie dachten an Seefahrt, Vermessung, Astronomie und Medizin.

Es war durchaus so, daß es Anteile der Kirche gab, von denen die Weiterentwicklung der Naturwissenschaften gefördert wurde. Geforscht wurde zwar meist nicht direkt auf der Burg, aber die Herren ließen sich Schriften von anderen, dazu beauftragten Forschern über dieses und jenes in der Weltgeschichte zuschicken, manches auch geheim. Einer von ihnen arbeitete eng mit großen Wissenschaftlern zusammen, stets verbrannte er seine Post, nachdem er sie durchgelesen hatte, damit sie niemals entdeckt würde.

Sylphe: Im Winter, wenn die Bischöfe in den Städten weilten, kamen oft fahrende Ritter hierher, die in der kalten Jahreszeit eine Bleibe brauchten. Manchmal waren auch Tempelritter dabei, große Seelen. Sie waren die bescheidensten der Rittersleute, die gebildetsten und geschicktesten. Sie beteten viel und beschäftigten sich monatelang immer mit einer Sache: Einer übte einen ganzen Winter nur einen bestimmten Lanzenstoß, ein anderer ritt hundertundeinmal dasselbe Manöver, einer übte Zweikampf mit dem Holzschwert, noch einer übte sich im Bogenschießen. Sie überbrachten manchmal Grüße und Nachrichten aus fernen Ländern an den Burgherren oder an einen Bischof. Manche hatten auch Schüler. Es waren junge Männer, die sehr hart angefaßt wurden. Es gab unzählige Ge- und Verbote für sie, aber so brauchten das die meisten Menschen damals, um ihre Seelen zu verfeinern und leuchten zu lassen.

Nymphe: Natürlich lebten hier auch ganz einfache Menschen, der Pferdeknecht, der Gärtner, der Koch und einige wenige Frauen, die meist Aufgaben hatten wie Wäsche waschen – sofern sie gewaschen wurde – oder Hühnerstall und Abtritte reinigen.

Es gab einmal eine Frau, die öfter herkam. Sie wohnte in einem Hof ganz in der Nähe und galt im Dorf als Hebamme und Heilerin. Sie kannte viele Kräuter und Rituale, die noch aus dem Wissensschatz von den Naturvölkern, die einst hier lebten, überliefert waren. Sie brachte regelmäßig über einige Jahre hinweg für einen etwas gebrechlichen Bischof Medizin in die Burg. Er schätzte sie sehr und fragte sie nach ihren Rezepten, schrieb auch einiges auf, was sie z.B. über die Sterne zu sagen wußte, und schützte sie vor denen, die sie fürchteten.

Regenbogenfee: Die Burg war also lange Zeit ein Ort, an dem sehr viel Kultur lebte und an dem Wissen aus unterschiedlichsten Richtungen zusammengetragen wurde. Da sie so abgelegen auf dem Land war, konnten sich hier Menschen aus allen Schichten der Gesellschaft begegnen und dies noch viel mehr, als an anderen Schlössern und Burgen, die größer waren und in denen sich ausschließlich der Adel traf. Viele unterschiedliche Impulse kamen hier herein und gingen von hier aus, und das, was sie alle gemeinsam hatten, war, daß sie immer das Typische der Zeitentwicklung spiegelten.

Nymphe: Das Wasser, das sich jeder Temperatur und jedem Untergrund auf besondere Weise anpaßt, umgab die Burg und bewirkte, daß auch das Leben, das hier stattfand, stets ein Abbild war für die jeweiligen Vorkommnisse in der Zeit.

Kristallgnom: Das setzte sich auch später noch fort. Du weißt, daß Flüchtlinge hier lebten und später Ferienlager hier stattfanden. Eigentlich wurde die Burg damit zweckentfremdet, aber andererseits erfüllte sie doch weiter ihre Aufgabe, immer zu spiegeln, was in der Welt passierte.

Sylphe: Selbst jetzt ist es noch so. Die Burg ist ein Ort für Kurzweil geworden, ein „Trend", wie ihr sagt, den die Menschen gerade brauchen. Später wird das hier vielleicht ein Ort für Künstler sein. Diese werden möglicherweise einmal das Spiegelbild für eine Gesellschaft freier Menschen werden.

Darf ich euch fragen, was die Zeit der DDR, der Mauer, für die Menschen auf der Ostseite hier bewirkt hat?

Kristallgnom: Es war ja direkt nach dem furchtbaren Krieg, und die Menschen waren noch voller Angst und ließen alles geschehen, was mit ihnen gemacht wurde, ohne zu fragen. So waren einige sogar froh, daß die Dinge anscheinend schnell in geregelte Bahnen kamen. Dieses Bedürfnis nach Ordnung und Struktur nach dem Chaos nutzten übrigens Diktatoren immer aus, um ihre radikalen Anordnungen umzusetzen. Nun ja, es wurde den Menschen hier keine Möglichkeit gegeben, die inneren und äußeren Verletzungen, die sie durch den Krieg erfahren hatten, zu heilen und zu verarbeiten. Sie wurden direkt, so wie sie waren, „eingemauert" in ihrem Schmerz und ihrer Haltlosigkeit, sie erstarrten gewissermaßen in ihrer Entwicklung.

Sylphe: Die allzu festen Formen, der allzu kleine Raum für Persönlichkeit ließen die Menschen erhärten. Sie verschlossen ihren Freiheitsdrang ganz tief in ihren Herzen, und viele wurden willenlos, kritiklos und gleichgültig gegenüber allem, was sie nicht direkt betraf. So traurig es ist, man muß es sagen: Wie in anderen Gebieten der Welt, die in ähnlicher Lage waren oder sind, verschaffte Bespitzelung und Verrat von anderen manchen Menschen das Gefühl, bevorzugt, außergewöhnlich zu sein, über den anderen zu stehen; daher taten sie es mit Hingabe. Eine Idee, nach der Menschen eigentlich Gemeinschaftssinn entwickeln sollten, bewirkte vielfach genau das Gegenteil. Mißtrauen herrschte unter den Menschen, und zu gewissen Zeiten konnte jeder nur auf sein eigenes Überleben bedacht sein.

(Anmerkung von mir: Die Schilderung der Nymphe bezieht sich nur auf einen Aspekt der DDR und ist nicht absolut zu setzen.)

Regenbogenfee: Aber man weiß ja, daß zurückgehaltene Impulse sich irgendwann mit um so mehr Kraft Bahn brechen. So wurde hier ein besonders starker Freiheitswille und eine große Fähigkeit zur Individualität geboren, die Deutschland zu einem großen Schritt nach vorne in seiner Entwicklung verhelfen könnten, je mehr die DDR-Zeit aufgearbeitet wird.

Nymphe: Es waren in diesem Land große Mächte am Werk, die immer noch versuchen, das Steuerrad des Weltenschicksals in ihren Händen zu halten, aber immer wieder entgleitet es ihnen. Der Bau und die Öffnung der Mauer waren noch ihr Werk, aber auf das, was in den Häusern und Herzen während der geschlossenen Zeit an Mut und Liebeskraft wuchs, hatten sie keinen Einfluß mehr, ebenso wie sie auch die Auswirkungen dieses Bauwerks – nämlich das, was die Menschen in der Verarbeitung jener Zeit der Mauer lernen – nicht lenken können. Die Zeiträume, um die es dabei geht, sind hier groß. Aber es wird irgendwann eine Zeit kommen, in der diese Mächte eben jenen Menschen gegenüberstehen, die sie damals zu Marionetten zu machen versuchten und die sie dabei doch unwillkürlich Mut, Opferkraft, Zuversicht und Freiheitsstreben lehrten. Und dann werden sie es schwer haben, sich zu behaupten – das zumindest.

Habt ihr eine besondere Botschaft an die Menschen?

Alle gemeinsam: Das Größte und Wertvollste, was ihr Menschen geben könnt, ist Menschenliebe. Es ist in dieser Zeit eure Aufgabe, Liebesfähigkeit zu lernen, und ihr seid erst am Anfang. Aber das, was ihr jetzt schon geben könnt, ist genug, um die Erde zu stärken und zu tragen in Zeiten, die ihr viel abverlangen. Menschenliebe heilt die Erde.

Vielen Dank, daß ihr alle gekommen seid, danke für das Gespräch.

Sie gehen einer nach dem anderen fort an ihre Aufgaben.

Montag, 28. Juli 2008, Lübzow

Gespräch mit der Landschaftshüterin der Prignitz

Wieder einmal bin ich an einen guten Ort gekommen, mit interessanten, freundlichen Menschen. Besonders Maria, die 16jährige Tochter des Pferdezüchters und Landwirts, die für die ganze Familie den Haushalt regelt, die Pferde einreitet, den Garten pflegt und vieles andere mehr, beeindruckt mich. Im kleinen Flüßchen, der Stebnitz, das an der Weide vor dem Haus vorbeifließt, bringt sie Vickon das Schwimmen bei. Sie ist eine durch und durch praktische Person, kräftig, mit festem Blick aus blauen Augen und einem ebensolchen Händedruck, außerdem eine hochbegabte Reiterin. Aber sie ist auch einer der wenigen Menschen, mit denen ich auf der Reise über meine Gespräche mit den Elementarwesen sprechen kann. Ihre Familie und einige Freunde werden mich zwei Tage lang Richtung Norden begleiten und mein Gepäck in einem von zwei Planwagen transportieren. Wir werden ein Lager unter freiem Himmel aufschlagen und die Pferde am Ufer des kleinen Sees einzäunen. Maria wird um fünf Uhr morgens das Taubenküken, welches sie von Hand großzieht, aus seinem Reisekörbchen nehmen und am Lagerfeuer mit gequollenen Haferflocken füttern.
Aber noch können wir nicht los. Maria und ihr Bruder helfen ihrem Vater beim Beschlagen der Pferde für die Fahrt, während ich als Dank für die freundliche Aufnahme im Garten die Bohnen ernte. – Und jetzt sitze ich im kühlen Schatten der Hausmauer, um der brütenden Hitze zu entgehen, und unterhalte mich, von frisch gewaschener Wäsche umfächelt, mit der Hüterin der Prignitz.

Die Landschaftshüterin steht schon vor mir, bevor ich sie anspreche. Sie ist etwas kleiner als ein mittelgroßer Mensch, trägt ein intensiv blaues Gewand mit violetten Anteilen und einen spitzen Hut in blauer Farbe. Sie strahlt etwas Junges, Frisches, Lebendiges aus, ist sehr fein und deutlich in der Form.

Na endlich, ich warte schon lange darauf, daß Du mal mit mir sprichst!

Liebe Landschaftshüterin, es würde mich sehr interessieren, welche Energien in der Prignitz leben.

Die Prignitz ist eine sehr vom Wasser geprägte Landschaft, allerdings hauptsächlich vom Wasser in Form von vielen kleineren und größeren Flüssen. Die Formen, die Wellen im Boden, wurden zuerst von großen Eismassen aufgeschoben. Da war ein ungeheures Mahlen, Schieben, Schleifen, Druck und Spannung. Als die Gletscher schmolzen, entstanden Flüsse, die nun – mit ebensogroßer Kraft wie vorher die Gletscher – auf die Landschaft einwirkten. Diesmal wurde der Boden aber nicht zusammengepreßt, sondern aufgewirbelt, durcheinandergemischt und aufgelöst.

Diese beiden Kräfte hat die Prignitz bewahrt: das Unnachgiebige, Dauernde, was die Gletscher mitbrachten, und das Dynamische, Plötzliche der Flüsse. Wir haben hier deshalb einen starken Einfluß des Planeten Merkur auf die Erde. So unregelmäßig, unvorhersehbar ist diese Landschaft geformt, so viel Schwere, Dichte und Stillschweigen geht von dem Sandboden aus. Du siehst hier Kiefern, leichte Vertreter der Formkraft, Eichen, die dort wachsen, wo eine gewisse Stabilität der Energien herrscht und Birken, Eschen und Akazien, Boten der Leichtigkeit und Beweglichkeit. Das quecksilbrige, unberechenbare Element der Landschaft zeigen sie, welches der Einfluß des Merkur hier hereinbringt.

Was bedeutet das für die Menschen, die hier lebten und leben? Und könntest Du erzählen, warum hier so viele „Wunder“ (Ritter Kahlbutz’ nie verwesende Leiche etc.) im Mittelalter geschahen?

In dieser Ecke zwischen Elbe und Havel haben sich irgendwann Menschen aus viel östlicher gelegenen Ländern angesiedelt. Es waren kleine Gruppen, die sich vom Strom wandernder Völker abspalteten und hier zurückblieben. Diese brachten ganz neue Bräuche und Gewohnheiten mit, die sich in die wechselhaften Energien der Landschaft mit Leichtigkeit integrieren ließen. Durch sie wurden bestimmte Anteile der Kultur überliefert und Geschichten in Umlauf gebracht, die das Geschehen diverser „Wunder“ beschrieben. Es gab eben Dinge, die nur in diesen kleinen Gemeinden vorkamen und daher von der Umgebung nicht allein als einzigartig, sondern sogar als Wunder angesehen wurden. Und daß dieses fremde östliche Element hier so stark wirken konnte, ist natürlich der Eigenart der Landschaft zu verdanken.

Siehst Du, die Landschaft nimmt sozusagen oberflächlich schnell und leicht neue Impulse auf; das macht die Energie der Flüsse. Aber darunter liegt die Kraft der Gletscher, die lange braucht, etwas Neues aufzunehmen, so daß fremde Elemente auch lange an der Oberfläche bleiben, also lange Zeit auffallen und fremd wirken. So ist es mit allem, was sich hier neu einnistet: Schnell ist ein neuer Brauch, was es auch sei, in Kultur, Wirtschaft oder was auch immer als Bestandteil aufgenommen, wirkt aber lange fremd, hervorgehoben, und fällt irgendwie aus der Umgebung heraus.

Die Menschen, die hier leben, besitzen demzufolge ähnliche Energien. Sie sind selten abgeneigt, etwas Neues auszuprobieren, aber in der Tiefe ihres Wesens bleibt lange alles beim Altbewährten, wird erst nach gründlicher Prüfung etwas Neues verankert. So sind es sehr zuvorkommende, höfliche Menschen, die aber selten in ihr Inneres blicken lassen, die nur wenig von sich selber preisgeben. Eigentlich, so könnte man sagen, sind sie eher vorsichtig, mißtrauisch, lassen nichts so schnell an sich heran, können aber geschickt und reibungslos mit allem umgehen, was ihnen neu ist. Sie handhaben die Dinge sehr flink, haben dadurch etwas sehr Spontanes in ihrer Art, fassen aber erst nach und nach Vertrauen. In dieser Widersprüchlichkeit in ihrem Wesen – in der oberen Schicht die Flußenergie und darunter gleichzeitig die der Gletscher – sieht man die Eigenschaften des Wandererplaneten Merkur.

Wie gehen diese Menschen mit ihrem Land um?

Hier gibt es wieder ein typisches Merkurmuster, eine Mischung aus Fluß- und Gletscherverhalten. Normalerweise gehen die Menschen mit der Landschaft behutsam zupackend um und sind sorgfältig gemächlich in allem, was Veränderungen betrifft. Auf kleineren Stücken Land experimentieren sie aber auch gerne, schmeißen ihre gewöhnliche Ordnung um und tun etwas völlig Neues. Du siehst hier eine im Grunde gut gepflegte, gesunde und schonend bewirtschaftete Landschaft.

Plötzlich aber kommt ein Feld, in dem genmanipulierte Pflanzen angebaut werden, ein ganzer Berg wird abgetragen, eine riesige Grube gegraben. Das ist ein bißchen schwierig, auch für die Menschen selber: Sie möchten eigentlich Zeit haben, sich mit Veränderungen anzufreunden, probieren aber manchmal schnell etwas aus, worauf sie dann ungewollt sitzenbleiben, weil es oftmals nicht mehr zu ändern ist. Schnelle Änderungen, die dann endgültig, anstatt – wie es ihnen lieber ist – vorübergehend sind, strengen sie an, so daß viele Menschen dieser Gegend von dem Tempo der heutigen Zeit erschöpft sind.

Ich würde gerne noch wissen, welche Aufgabe die Prignitz in Deutschland hat.

Die Aufgabe der Prignitz – Du möchtest am liebsten einen Vergleich mit dem menschlichen Körper – oh, ich muß überlegen. – *Pause* – Sagen wir, sie ist einem Organ ähnlich wie etwa Nase oder Zunge. Diese sind beweglich und gehen schnell und sicher mit Fremdem um, haben auch gerne Abwechslung; im großen und ganzen aber wollen sie immer wieder das Vertraute erschnuppern oder schmecken. Und wie es beim Menschen die Aufgabe seiner Nase und Zunge ist, das, was an ihn herankommt, aufzunehmen und auf seine Verträglichkeit für den übrigen Körper zu überprüfen, so braucht auch Deutschland die Prignitz, damit Neues das Land nicht überrollt, sondern von den hiesigen Wesen zunächst geprüft wird und ein Zwischenstadium einnehmen kann, vom Neuen zum Vertrauten. Die neuen Energien werden hier willkommen geheißen, angeschaut, aber nicht sofort in die substantiellen Teile des Landes vorgelassen, sondern erst wie gefiltert. Hier wird Neues, was das Land aufnehmen möchte, zuerst geprüft und der Ort bestimmt, an dem es wirken soll, so wie die Funktion, die es für das Land haben soll. So, also, ist das so verständlich beschrieben, wenn man es als Mensch hört?

Ja, ich denke doch, daß ein Mensch, der ein bißchen nachdenkt, es gut verstehen kann. Hast Du noch eine Botschaft an die Menschen?

Ich möchte euch sagen: Wer in sich ruht, wer im Grunde seines Wesens stabil ist, kann offen sein für alles, was die Welt für ihn bereithält. Jemand, der sicher auf seinen beiden Beinen steht, wird nicht so schnell aus dem Gleichgewicht gebracht und kann es sich leisten, neugierig, entgegenkommend, experimentierfreudig und tolerant zu sein. Nur aus der Ruhe und Ausgeglichenheit heraus ist es möglich, mit der Vielfalt produktiv umzugehen, richtig zu wählen und zu urteilen.

Danke sehr für das Gespräch. Die Botschaft finde ich sehr interessant, ich werde sie mir zu Herzen nehmen!

Sie lacht silbrig, dreht sich beschwingt um und geht fort.

Samstag, 2. August 2008, in Schwaan

Gespräch mit dem Landschaftshüter der Mecklenburger Seenplatte

Meine vorletzte Station vor dem Meer! Ich bin die letzten zwei Tage ohne Karte geritten, nur mit dem GPS-Gerät, welches einen sehr großen Maßstab hat. Dadurch war es sehr mühsam, passende kleine Wege zu finden.
Hier bin ich ohne Vorwarnung hereingeschneit, und Holger, mein Gastgeber, konnte meine Geschichte kaum glauben. Er mußte sofort seine Frau anrufen und ihr von mir erzählen. Während ich darauf warte, eine letzte Unterkunft am Meer zu finden, mache ich Pause in Schwaan und versuche, am Rande dieser kleinen, aber sehr lebendigen Stadt im Hof von Holgers Autowerkstatt mit dem Landschaftshüter der Mecklenburger Seenplatte zu sprechen. Zum Glück habe ich ihn schon ein wenig kennengelernt, als ich in den letzten Tagen durch die zum Meer hin wieder hügelig werdende Landschaft mit ihren vielen kleinen Seen und lichten Kiefernwäldern ritt.

Lieber Landschaftshüter, bist Du bereit, Dich mit mir aus der Ferne zu unterhalten?

– Ich befinde mich am Stadtrand inmitten von Häusern, Autos und Müll und jeder Menge Geräuschen. –

Klar könnte ich das, aber ich komme auch gerne zu Dir – die Stadt stört mich nicht, sie ist ja Teil meiner Landschaft.

Erzähle mir, wie diese Landschaft entstanden ist.

Er kommt zu mir auf den engen, vollgestellten Innenhof. Er ist so groß wie ein Mensch, Blau und Grün vermischen sich in seinem Gewand, Haar und Bart sind strähnig. Er bewegt sich mit viel Wucht und Schwung und strahlt etwas Strenges, Klares, Ernsthaftes aus.

Bist Du endlich soweit? – Wie Du richtig vermutest, sind die Formen der Landschaft von Gletschern aufgeschoben. Du sollst mir zuhören, nicht dieser Musik!

Ich versuche es ja, aber es ist wirklich nicht so einfach! Erzähl weiter!

Du mußt es Dir so vorstellen: Die Gletscher der Eiszeit schoben sich vom Meer her landeinwärts. Je weiter man ins Land kommt, desto weniger wandernde Gletscher gab es, höchstens solche, die aus angesammeltem Wasser bestanden und an einer Stelle liegenblieben. Aber hier unten am Meer, da war das Land bedeckt mit Gletschern. Sie schoben und drängten vom Meer herauf, tauten, gefroren, zerbrachen, bewegten sich, rieben aneinander. Sie veränderten sich ständig – zuhören!!

Immer wieder schoben auch neue Eismassen vom Meer her nach, der Boden darunter wurde gestaucht, gedehnt, eingedrückt, so daß er sicher flüssig geworden wäre, wenn er nicht gefroren gewesen wäre. Es sind ungeheure Kräfte, die von einer solchen Gletschermasse ausgehen, und sie hinterlassen großen Druck und starke Spannungen über dem Land. Als sich die Gletscher auflösten, blieben die Strukturen dieser Landschaft zurück; auch einige Seen, vor allem an den Stellen, wo ein Gletscher liegenblieb, bis er aufgetaut war. Wenn man mit wachen Augen die Mecklenburger Seenplatte betrachtet, sieht man immer noch die Eismassen, die sich türmen und aneinander vorbeischieben.

Gab es Menschen hier während der Eiszeit?

Ja, es gab Menschengruppen, aber meist wanderten sie nur einmal im Jahr hier vorbei, wenn das Eis im Sommer an manchen Stellen ein wenig zurückschmolz und Muscheln und ähnliches aus dem Meer freilegte. Einige Male versuchten auch Menschen länger hierzubleiben, was aber nicht von Dauer war, da sie keine Nahrung fanden, so dicht bedeckte das Eis das Land. Erst später, als das Eis fort war, kamen sie wieder und wurden hier heimisch.

Welche Bedeutung haben die Seen für diese Landschaft?

Unter anderem eine ausgleichende. Sie gleichen die Spannung aus, die die Gletscher in den Boden eingearbeitet haben. Wie die meisten Landschaften birgt auch die Mecklenburger Seenplatte zwei einander entgegengesetzte Kräfte. Da ist einmal diese große Spannung, dieses Reiben und Knirschen und Krachen der Gletscher im Boden, und dann sind da die Seen, ein sanftes Wasser, welches wie ein Ventil wirkt für die Gletscherkräfte. Allerdings nicht so, daß in die Seen mit Schwung die gesamte Spannung entweicht, sondern so, daß ein weicher Ausgleich geschaffen wird. Also, die Seen geben eine weiche, gleichmäßige Kraft in die Landschaft und wandeln die Spannungen im Boden um. Außerdem haben die Seen natürlich noch jede Menge anderer Bedeutungen.

Zum Beispiel ist ein See das einzige natürliche Gewässer, welches zuverlässig die Umgebung spiegelt. Dazu muß eine große Ruhe auf der Wasseroberfläche herrschen; so viel Ruhe muß dort sein, daß das Wasser selber in den Hintergrund treten und seine Umgebung spiegeln kann. Und damit diese Ruhe entstehen kann, dazu muß genügend Wasser „aufeinanderliegen, damit es schwer genug ist, um nicht bei jeder Luftbewegung in Aufruhr zu geraten. Schau, ich will Dir die Voraussetzungen des Spiegelns erklären.

Diese Gesetze,

genügend Masse = genügend Stabilität =
genügend Ruhe = genügend Gleichmaß =
Spiegelbild,

die gelten nämlich nicht nur für das Wasser. Das Ganze ist etwas verzwickt und sehr interessant, ich möchte, daß Du es verstehst. Sieh mal, wenn die Wasseroberfläche bewegt ist, dann gibt es ein Zerrbild anstatt eines Spiegelbildes. Wenn sie ruhig ist und die Umgebung heller ist als das Wasser, dann gibt die Wasseroberfläche alles wieder, was ihr Bild auf sie fallen läßt.

Und mit Menschen ist es genauso. Ein Mensch, der viel gesehen und erlebt hat, kann auf einer großen Menge von Erfahrungen ruhen und eine Gelassenheit und Unberührtheit entwickeln, die es ihm ermöglicht, ziemlich stabil in verschiedensten Lebenslagen zu bleiben und Bilder und Geschehenes mit großer Genauigkeit und Objektivität wahrzunehmen und weiterzugeben. Jemand, der einen weniger großen Erfahrungsschatz hat, wird alles erstaunlich, unmöglich, außerordentlich finden und bei allem, was er sieht, aus dem Gleichgewicht geraten und dadurch nur ein von seinen eigenen Emotionen geprägtes Zerrbild seiner Erlebnisse wiedergeben können. Und es gilt gleichermaßen für das reine Wahrnehmen wie für das Weitergeben von Informationen an andere. Jemand, der sich an etwas erinnert, was ihn in Aufregung versetzt hat, sieht nur das vor sich, was die Aufregung ihm als bedeutungsvoll erscheinen ließ, und er wird von diesem auch besonders ausführlich erzählen. Jemand, der mit Ruhe beobachtet, nimmt die Dinge ausgeglichener wahr und kann auch vollständiger berichten.

Darf ich etwas fragen? Was hat das alles mit der Landschaft zu tun, und – wenn man es erklären kann – was ist überhaupt das Spiegeln an sich?

Dazu kommen wir gleich, warte mal ab. Das Spiegeln ist also ein Vorgang, bei welchem sich der Spiegel in ein solches Verhältnis zu dem zu spiegelnden Bild setzt, daß er selber zurücktritt und ein Abbild seines Gegenübers entstehen lassen kann. Und doch ist der Spiegel der wichtigste Teil an der Sache: Ohne ihn gäbe es kein Spiegelbild. Wenn ein Mensch Spiegel sein kann, ist das Vollkommenheit; wenn er willentlich Spiegel- und Zerr- bzw. Bedeutungsbilder wiedergeben kann, ist das Meisterschaft.

Warum steht die Meisterschaft über der Vollkommenheit?

Na, na, na, jetzt wollen wir uns mal nicht philosophisch versteigen! Vollkommenheit ist unbewegt, passiv, wie ich sie meine; Meisterschaft ist tätig, selbständig – eure Menschenworte sind eben manchmal etwas unzulänglich.

Jetzt sage ich Dir, was das mit der Landschaft zu tun hat: Die Seen senden Spiegelenergie in die Landschaft aus, wie ich es Dir erklärt habe. Dadurch prägen sie einerseits die Menschen und ziehen andererseits bestimmte Planetenkräfte an. Mondenkräfte wirken hier – der Mond ist ja selber ein Spiegel – und Saturnkräfte, Kräfte des Prüfens und der Strenge. Das wiederum hilft den Menschen, die hier leben, besondere Fähigkeiten zu entwickeln. Direkt an einem See sind natürlich die Sanftheit und gleichzeitig die Spiegelgesetze des Wassers wirksam.

Spiegel sein bedeutet übrigens auch Fähigkeit zur Selbsterkenntnis – nur so am Rande –; man kann sich ja auch selber spiegeln.

Also, Menschen am See entwickeln besondere Fähigkeiten zur Selbstwahrnehmung und Ruhe und Gelassenheit gegenüber dem Leben. Sie sind nicht leicht aus ihrer Mitte zu bringen und nehmen alles mit Gleichmut und Freundlichkeit. Man sollte einen Menschen mit innerer Unruhe und Entscheidungsschwierigkeiten an einen See bringen, um ihm zu helfen. Er wird hier seine Situation viel klarer sehen können.

Die Menschen, die zwischen den Seen auf dem Land wohnen, nehmen noch zusätzlich zu den Energien der Seen diejenigen der Gletscher auf, also diese Spannungen. Es sind Menschen mit ungeheurer Lebenskraft, sie sind sehr aktiv, scheinen immer Reserven zu haben, können aber auch oft über ihre eigenen und die Grenzen anderer gehen und Zusammenbrüche heraufbeschwören. Diese nimmermüde, aktive und kraftvolle Lebensart wird ergänzt durch die Fähigkeiten zu Gleichmut und Konsequenz.

Die Mecklenburger hier sind äußerst standfeste Leute, die die Dinge genauso tun, wie sie es sich vorgenommen haben, bzw. genau das erwarten, was ihnen zugesagt wurde. Daraus ergibt sich aber auch eine gewisse Härte der Seelen. Oftmals fällt es den Menschen schwer, Zugeständnisse an ihre eigenen und die Bedürftigkeiten und Grenzen anderer zu machen. Sie wirken zwar unverwüstlich, sind es aber natürlich nicht, und man muß aufpassen, daß man sie nicht überschätzt, denn sie lassen sich oft ohne zu klagen viel zuviel aufbürden.

Was wolltest Du noch fragen?

Welche Aufgabe hat die Mecklenburger Seenplatte für Deutschland?

Nun ja, für Deutschland – weißt Du, ein Landschaftsorganismus richtet sich nicht unbedingt nach menschengemachten Staatsgrenzen. Aber so in etwa gibt es natürlich einen deutschen Landschaftskomplex. Hier und da ragt er vielleicht etwas über eure Staatsgrenzen hinaus, oder eine andere Landschaft ragt herein; aber im großen und ganzen kann ich die Frage natürlich beantworten. Ein Vergleich mit dem menschlichen Körper ist schwierig – die Aufgabe der Mecklenburger Seenplatte ist ähnlich der des Gewissens, und eigentlich ist ja der gesamte Körper des Menschen sein Gewissen. In dieser Landschaft werden Fragen an Deutschland gestellt, hier leben Energien des Prüfens und der Kritik – positiv natürlich. Vorgänge werden hier erinnert und auf ihren Wert für Deutschland und die Welt hin angeschaut, Neues wird geprüft, Altes wird verarbeitet.

Dies äußert sich in ganz Deutschland, so wie beim Menschen nicht nur der Magen, sondern der ganze Körper „Hunger“ signalisiert; aber dadurch, daß diese Landschaft Bestandteil Deutschlands ist, kommen diese Prozesse überhaupt in Gang.

Hast Du noch eine Botschaft für die Menschen?

Ihr sollt genau hinsehen, die Dinge klären, geradestehen für das, was ihr tut. Es hilft euch und dem Land nicht, Krummes geradebiegen zu wollen oder gar zu vergessen, es wirkt dadurch nur um so stärker. Schaut euch an, als Ganzes, mit allem, was ihr bewirkt, schaut genau hin und handelt entsprechend dem, was ihr seht. Die Dinge sind nicht aus der Welt geschafft, nur weil ihr die Augen zumacht! Schaut hin, schaut ganz genau hin, auch wenn es anstrengend und unangenehm sein kann – aber nur dadurch verändert ihr die Welt wirklich.

Vielen Dank, ich habe viel von Dir gelernt.

Er nickt mit Nachdruck und will nicht verschwinden, solange ich ihn beobachte.

Samstag, 9. August 2008, Rerik

Gespräch mit dem Landschaftshüter an der Ostseeküste

Angekommen! Bei Rerik habe ich für eine Woche, bis ich abgeholt werde, eine Bleibe gefunden, nahe dem Meer und etwa 50 Kilometer westlich von Rostock. Die Strecke hierher war eine Rekordleistung von Vickon und mir. Fast 60 Kilometer in nur neuneinhalb Stunden, allerdings mit einer guten Karte, einem ausgeruhten und zuverlässigen Pferd und ohne Gepäck, dessen Transport ich anderweitig organisiert hatte. Zunächst übernachtete ich außerhalb Reriks im Haus meiner Gastgeberfamilie, später bei Tochter Steffi, nur wenig älter als ich, in ihrer Reriker Wohnung auf dem Sofa. Vickon darf auf den Weiden von Steffis Familie grasen und fühlt sich pudelwohl in direkter Nachbarschaft einer Stutenherde. Oft bin ich bei ihm draußen, aber heute regnet es. Daher sitze ich bei Steffis Familie im Wohnzimmer und versuche, den Olympiade-Report im Fernsehen zu überhören, während ich das folgende Gespräch führe.

Hallo, möchtest Du mit mir sprechen?

Er ist sofort aufgetaucht, riesig, bewegt sich ständig. Blau und Weiß herrschen in seinem Gewand vor, die Augen blicken ruhig und unverwandt.

Aber ja, fangen wir an. Ich habe auf Dich gewartet.

Erzähle mir von den ersten menschlichen Bewohnern in dieser Landschaft!

Oh ja, interessante Sache. Du wirst schon öfter von ihnen gehört haben. Es waren die, die ihr die Kelten nennt. Der Unterschied zu den mehr im Inland lebenden Völkern besteht darin, daß sie hier das Meer als Herausforderung hatten. Sie waren recht früh schon Fischer und fuhren mit Kanus und einfachen Seglern am Meeresufer entlang.

Schwimmen konnten sie nicht. Das Meer war für sie eher eine Wesenheit als ein Gegenstand. Sie verstanden es als Vermittler zwischen der diesseitigen und der jenseitigen Welt, und es war ihnen heilig.

Warum sind ihre Gräber immer in West-Ost-Richtung ausgerichtet?

Ist ganz einfach: Man richtet sich nach dem Auf- und Untergang der Sonne. So wie die Sonne jeden Abend verschwindet und morgens wieder auftaucht, so – wußten die Kelten – wechseln auch die Menschenseelen immer zwischen der irdischen und der geistigen Welt.

Sie meinten – was ja auch richtig ist –, daß es den Seelen der Verstorbenen leichter fiele, ihren Weg zu finden, wenn sie der Sonne folgen könnten.

Aus dem Osten der geistigen Welt kamen sie vor ihrer Geburt, und in den Westen der geistigen Welt gingen sie nach ihrem Tod. So waren die Grabmale vor allem auch als Richtungsweiser für die Verstorbenen gedacht. Heute sind all diese Grabmale, die den Menschen auf der Erde früher dazu dienten, mit den Verstorbenen in Kontakt zu bleiben, nicht mehr so wichtig. Jetzt folgen ja die Verstorbenen dem Licht des Christus, einem untrüglichen Wegweiser. Aber wenn man Denkmäler anlegen will als Orientierungshilfe für Lebende und Verstorbene, dann ist die Ost-West-Ausrichtung wie in den Dolmen auch heute noch sinnvoll.

Welchen Einfluß hat das Meer auf die Energien der Küste?

Das Meer ragt ja energetisch gesehen noch weit ins Land hinein, über den physischen Meeresrand hinaus. Du sitzt hier zwar im Trockenen, aber trotzdem eingehüllt in die Energie des Meeres. Das Meer hat Urenergie, eine Energie, die wie kaum eine andere Kraft auf der Erde von Urzeiten erzählen kann.

Stein zerbröckelt und verliert seine Form, Pflanzen vergehen. Aber das Meer ist immer dasselbe, immer in Bewegung, immer lebendig. Wenn Du jetzt auf das Meer schaust, dann weißt Du, daß es ganz genau dasselbe Meer ist wie zu Anbeginn der Erdenzeit.

Die Energien der Küste sind von dieser Kraft geprägt. Die Kraftströme fließen im Rhythmus des Meeres, wie Wellen, auf und ab.

Rhythmus, den das Meer verkörpert, ist dasjenige Element, das Leben zu einem guten Teil ausmacht. Organismen, die in der Nähe des Meeres leben, sind meist robust und gesund, weil sie sich am dichtesten an der Urquelle der Lebenskraft befinden und von dieser getragen werden.

Was bedeutet das für die Menschen in dieser Gegend?

Die Menschen an der Küste haben eine stabile Gesundheit und einen ebensolchen Lebensrhythmus. Da das Meer aber auch als Urkraft ein Ausdruck für die geistige Welt ist, aus der alles Leben hervorgeht, entwickeln die Menschen hier recht leicht eine gewisse „Dünnhäutigkeit" und Sensibilität für geistige Wahrnehmungen. Viele können dies aber in der heutigen Zeit noch nicht fassen, und so entsteht oft auch eine Sehnsucht und gewisse Traurigkeit nach etwas, was sie nicht richtig definieren können. Wenn Du mit ihnen umgehst, ist da auf der einen Seite dieser sehr bodenständige, robuste und manchmal auch etwas ruppige Teil, auf der anderen Seite mußt Du damit rechnen, daß sie Dich sehr vollständig wahrnehmen und unterbewußt mit sehr viel Feingefühl und Sensibilität agieren. Ebenso aber sind natürlich auch Manipulationen und andere Dinge dieser Art recht häufig.

Sind hier noch Überbleibsel oder Fortführungen der Vergangenheit in der heutigen Gesellschaft zu finden?

Sehr wenig. Siehst Du, für das Meer ist es immer „jetzt", nie „gestern" oder „morgen", es hält nichts fest. Du kannst im Meer keine Spuren hinterlassen, so wie etwa im Sand.

Aber es ist doch sogar eine Urkraft...

Natürlich, es beinhaltet alles, was war, aber es verteilt alle jemals aufgenommenen Energien gleichmäßig über seine gesamte Fläche und strahlt nicht ganz entschieden eine bestimmte Energieform aus, so wie z.B. Gestein jede Information für sich speichert (z.B. Fossilien). Deswegen, wie gesagt, findest Du hier immer absolutes „Jetzt".

Und wenn dieses beinhaltet, daß die Menschen die Vergangenheit pflegen und erinnern, dann eben auch diese. Du siehst also, daß alles, was Du an Kultur hier findest, immer menschengemacht und meergeprägt ist. Das Meer dominiert nicht die Richtung, es unterstützt nur das, was da ist, auf seine Weise.

Du erinnerst mich an ein Windwesen – hat der Wind auch eine besondere Bedeutung für diese Landschaft?

Der Wind und das Meer gehören zusammen wie die Blume und der Schmetterling, könnte man vielleicht sagen. Ja, gut, daß Du fragst, der Wind prägt natürlich die Vegetation und die Landschaftsformen hier und unterstützt das luftige, feine Element im Charakter der hier lebenden Menschen. Die Menschen am Meer bewegen sich immer in großen Zusammenhängen der Naturkräfte und des Wetters, und auch das führt dazu, daß sie zumindest latent eine Anlage für den Weitblick haben.

Gibt es für dieses Stück Land eine besondere Aufgabe im Zusammenhang mit Gesamtdeutschland?

Hier atmet das Land. Die Küste ist wie die Lunge Deutschlands, hier wird der Rhythmus des ganzen Landes widergespiegelt, wie auch beim Menschen der Atem verrät, wie es in ihm aussieht. Von hier aus kann aber auch auf das ganze Land zurückgewirkt werden: Besonders leicht läßt sich hier erspüren, was das Land braucht, und entsprechend können die Menschen hier Deutschland Gutes tun. Wie man als Mensch mit dem Atem ein Lebensgefühl und sogar die Gesundheit beeinflussen kann, so kann auch von hier aus Einfluß genommen werden auf den Gesamtorganismus Deutschlands. Was hier an positiven oder negativen Impulsen gesetzt wird, führt in ganz Deutschland zu Energiefluß oder -stagnation. Das Element des Atems ist auch im Wind vertreten.

Hast Du eine Botschaft an die Menschen?

Ganz kurz: Wie ihr atmet, so lebt ihr – und andersherum.

Danke für das Gespräch und Deine sehr menschengerechte Botschaft.

Er erhebt sich, wird riesengroß, braust auf und davon.

Sonntag, 10. August 2008, Rerik

Gespräch mit Meeresnymphen am Strand

Heute bin ich ohne Vickon am Meer. Ich habe es ihm in den letzten Tagen vorgestellt, und er war nicht uninteressiert, wenn ihm auch die heranrauschenden Wellen etwas unheimlich waren. Schöner fand er doch die langen Galopps über die Stoppelfelder auf dem Weg zum Meer und zurück. Das Wetter ist schon fast etwas herbstlich. Es windet, feiner Nieselregen durchtränkt mein Schreibpapier, und ich fröstle auf meinem Stein zwischen den Wellen. Während des Gesprächs vergesse ich dies jedoch und merke nicht, wie ich immer kältere Finger bekomme, bis sie mir unter dem Schreiben den Dienst verweigern.

Es stürmt, und die Wellen sind etwa eineinhalb Meter hoch mit Schaumkronen.

Liebe Wasserwesen, darf ich mich mit euch unterhalten?

Sie singen, kommen in Gruppen, umspülen mich, sind sehr präsent. Ich nehme sie vor allem blau-blitzend, grünlich-klar wahr, weiblicher wie männlicher Gestalt, mit sehr intensiven Augen. Ihr Element ist Bewegung. Sie warten auf meine Frage.

Ich sehe, daß ihr arbeitet. Was tut ihr?

Das, was wir schon immer tun. Wir lassen die Erde leben. Wir sind ihr Herz und ihre Lunge, um Deine Gedanken aufzugreifen. Wir wirken in dem Element, das Ausdruck des Atems hoher geistiger Wesenheiten ist, die an der Erde arbeiten. Wir nehmen die Energien des Landes, an welches das Meer angrenzt, auf und verwandeln sie. Dann verteilen wir diese Energien wieder auf die Erde. Energie geht nicht verloren, sie wandelt sich. Siehst Du, wie jede Welle, wenn sie sich zurückzieht, Energie-Schlacken und Schwere mitnimmt? Siehst Du, wie jede Welle, die sich überschlägt, Lebensfrische freigibt? Du kannst auch beobachten, wie die Schlacken ins Meeresinnere gezogen werden und in der Tiefe dort umgewandelt werden. Das machen wir seit Urzeiten.

In früheren Zeiten, als die Erde noch empfindlicher war, brauchte sie eine Hülle von Meer rundherum, die ihre Energien im Gleichgewicht hielt. Jetzt ist die Erde kräftiger geworden, aber immer noch sorgen wir für ihr Gleichgewicht. Siehst Du, was wir tun, ist, Geben und Nehmen in der Waage zu halten, im großen wie im kleinen. Und wenn sich die Menschen mehr nehmen, als die Erde geben kann, ist es unsere Aufgabe, dies wieder auszugleichen. Es muß sein, genauso wie wenn Du, nachdem Du lange die Luft angehalten hast, wieder einatmen mußt; Du schnappst nach Luft und kannst es nicht verhindern. So „schnappt die Erde nach Luft", sie atmet heftig, um bei Kräften zu bleiben in diesen Zeiten, wo die Menschen ihr viel zumuten. Wir sind ihr Atem, wir arbeiten gemeinsam mit allen Naturreichen daran, und wir helfen der Erde zu atmen. Das sind die Naturkatastrophen, die eine natürliche Folge davon sind, daß Menschen versuchen, der Erde ihre „Luft" abzuschneiden. Dann japst sie, holt tief Luft und schafft sich wieder Raum und Gleichgewicht. Wir arbeiten natürlich im Dienste des Menschen, wenn wir ihm seine Schwere fortnehmen und ihm Lebenskräfte bringen, aber eben auch im Dienste der Erde. Wir sind die Vermittler.

Was können die Menschen für die Erde tun?

Vieles, ihr könntet viel Gutes tun. Ihr könntet versuchen, zuerst die Weisheit in den Dingen zu finden, bevor ihr sie verändert. Ihr könntet verstehen lernen, daß alles auf der Erde ein Kreislauf ist, in dem sich jede Veränderung im einzelnen für das Ganze bemerkbar macht. Ihr als Menschen seid eine Zusatzbelastung für die Erde, die ansonsten von sich aus immer ihr Gleichgewicht bewahrt. Ihr seid aber auch eine Bereicherung. Ihr könntet der Erde Heilkräfte mitgeben, indem ihr das, was ihr genommen habt, mit Menschenliebe und Menschenverstand anreichert und so dem Kreislauf wieder zuführt. Wenn ihr schon eingreift, dann macht was daraus!

Was macht diese Heilkraft aus?

Zum Beispiel Kunst. Wenn ihr einen Klärteich anlegt, so daß er schön ist, dann tut das der Erde gut. Wenn ihr mit Wind und Wasser nicht nur Strom, sondern auch Musik machen würdet.

Wenn ihr Gärtnereien nicht nur zur Produktion, sondern auch als Seelenlandschaft anlegen würdet. Eine Möglichkeit sind aber auch die Präparate der Demeterlandwirtschaft – wenn Du schon davon weißt, sagen wir es Dir. Rudolf Steiner, der der Erde gut zugehört und sie getröstet hat, hat diese „Erdmedizin" von uns erlauscht und mit dem Wissen vermengt, das manche naturverbundenen Menschen seiner Zeit noch hatten.

Die Voraussetzung dafür, daß ihr der Erde helfen könnt, ist das Allereinfachste: Baut eure Häuser und Straßen nicht an Orte, die dem Wasser, dem Feuer, der Erde oder dem Wind gehören, und produziert nicht mehr Müll und Schadstoffe, als ihr selber beseitigen und verantworten könnt. Wenn jemand einen Komposthaufen anlegt, kann er den Müll, den er gemacht hat, selber wieder in den Kreislauf zurückführen. Wenn jemand jedes Jahr drei Bäume verbrennt und drei Bäume pflanzt, dann übernimmt er für seinen Bereich die Verantwortung. Heute sind diese Kreisläufe größer. Aber strengt euch mal an, denn ihr habt alle Mittel, um auch für das, was ihr an Müll machen müßt, die volle Verantwortung zu übernehmen. Wozu habt ihr den Computer und all diese Dinge? Setzt sie doch mal im Dienste der Erde ein! Ihr könnt es, wenn ihr nur richtig wollt, und wir wissen das und möchten euch daran erinnern. Wenn ihr euch aber nicht anstrengen wollt, dann müßt ihr es aushalten, daß die Erde immer mehr nach Luft schnappt. Sie will euch nichts Böses, aber sie kann nicht anders. Ihr wollt ja meistens auch nichts Böses, aber ihr könnt etwas verändern!

Was würde passieren, wenn die Menschen es nicht schafften, der Erde genug Luft zum Atmen wiederzugeben?

Dann würde sie alle Menschen von der Erde wegatmen und vor lauter Atemlosigkeit in einen tiefen Schlaf fallen. Sie würde verfrüht in einen anderen Zustand übergehen, der sich zwar irgendwann natürlicherweise auch entwickelt hätte, aber dann deutlich instabiler und chaotischer aussehen würde, wenn er unvorbereitet und zu früh einträte. Die Menschen würden wiederkehren zur Erde, aber ebenfalls mit Entwicklungsdefiziten. Es müßten andere Wege eingeschlagen werden, um dies wieder auszugleichen. Nichts ist unveränderlich, alles gleicht sich wieder aus; aber in diesem Fall würde es viel, viel, viel Zeit kosten, so viel Zeit, wie die Erde noch gar nicht gesehen hat.

Wie geht es der Erde jetzt?

Hier und da kann sie sich wieder ein wenig erholen, dafür aber preßt man ihr an anderen Stellen die Luft ab. Ihr müßt auch damit rechnen, daß sie selbst dann noch keine Ruhe geben wird, wenn ihr alles Störende beseitigt habt, so wie auch Du noch eine Weile heftiger atmest, wenn Du Dich angestrengt hast.

Oh, wißt ihr denn nicht, welche Kräfte die Erde besitzt, die ihr in Aufruhr bringt? Wißt ihr denn nicht, was ihr in Unruhe versetzt, in welch riesengroße Zusammenhänge ihr eingreift? Ein paar von euch ahnen es und tun ihr Bestes, um der Erde zu helfen; ein paar wissen es und tun alles, um das Gegenteil zu erreichen. Aber seht ihr, wie wir schon sagten: Ihr habt alles, was ihr braucht, um dieser Zeit zu begegnen. Jetzt stellt euch auf die Füße und bewegt etwas!

Habt ihr eine Botschaft an die Menschen, die ihr noch nicht ausgesprochen habt?

Sie fangen an zu singen. Ihr Gesang erinnert mich an den Gesang der Erzengel in Goethes Faust, wo eine ähnliche Stimmung mit Menschenworten ausgedrückt wird.

Dankeschön für das Gespräch – und für das, was ihr für uns und die Erde tut.

Montag, 11. August 2008, Rerik

Abschlußgespräch mit dem Reisebegleiter Ellenlang

Ich sitze an einem der letzten Tage meiner Reise in Rerik auf der Weide und rufe noch einmal Ellenlang zum Abschlußgespräch. Bald werden mein Vater und meine Schwester mich mit dem Pferdeanhänger abholen, und wir werden in zwei Etappen nach Hause fahren – zwei Tage mit dem Auto für eine Strecke, die zu Pferd drei Monate dauerte!
Ellenlang verschwindet nach dem Gespräch, aber schon kurz darauf taucht er bei meiner nächsten Reise nach Rußland wieder auf. Er erscheint immer dann, wenn er meint, mich an meinen Auftrag, die Weisheiten der Elementarwesen zu den Menschen zu bringen, erinnern zu müssen. Ein unabhängiger, aber zuverlässiger Ideengeber ist er mir bis heute geblieben.

Wie immer an Ruhetagen war Ellenlang schon fort, taucht aber geschwind noch einmal auf.

Ellenlang, wie kann ich jetzt im nachhinein noch am besten von der Reise lernen?

Indem Du sie bewußt abschließt und von dem absetzt, was jetzt kommt in Deinem Leben. Durch die Unterschiede, die man macht, entsteht Spannung und Entwicklung. Nur wenn zwei verschiedene Lufttemperaturen aufeinandertreffen, kann sich ein Gewitter entwickeln, sonst passiert nichts.

Du wirst jetzt zunächst in Deine „alte Welt" zurückkehren und vieles mit anderen Augen sehen. Dadurch, durch diese Differenz, die entsteht zwischen altbekannten Umständen und Deinem neuen Blickwinkel, bekommst Du, wenn Du mitmachst, auch im nachhinein nochmal die Möglichkeit, Dich zu entwickeln. Achte darauf, wie Du Dich jetzt im Gegensatz zum Zeitpunkt vor der Reise zu Hause fühlst, wie die Dinge jetzt für Dich aussehen, und verankere alles, was Du Dir an neuen Fähigkeiten erarbeitet hast. Du wirst auf einiges stoßen, was Dir z.B. jetzt leichter fällt, was Du aber bisher nicht bemerkt hast. Du wirst auch merken, daß Du vielleicht manches verlernt hast, was Du vorher fast unbewußt konntest. Nimm diese Dinge wahr, arbeite daran mit Deinem jetzigen Hintergrund. Wenn Du so weitermachst, wie ich es Dir gesagt habe, dann nimmst Du Dir soviel wie möglich mit.

Habe ich denn meine Reise im Sinne der zwölf Phasen, von denen Du das letzte Mal sprachst, überhaupt ganz zu Ende gebracht?

Das hast Du, weil sich solche Dinge meist von ganz alleine vollenden. Wenn Du die Reise als „Tag" ansiehst, dann kommt jetzt eine innere Reise, um die äußere zu verarbeiten, die „Nacht" sozusagen. Diese findet in etwa demselben Zeitraum statt, aber in umgedrehter Reihenfolge wie die „Tages-Reise". Das sind Gesetzmäßigkeiten. Mit allem, was ein Mensch tut, setzt er Impulse in die Welt, die dann von überallher widerklingen, weitergehen, sich spiegeln, etwas anstoßen.

Welche Wirkung hatte denn dieses Unternehmen auf die Umgebung, durch die ich gereist bin?

Unterschiedlich. Hier und da haben Schicksalsbegegnungen stattgefunden, Du hast es auch manchmal bemerkt. An anderen Stellen hast Du kaum eine Spur oder auch einen Mißklang hinterlassen – ja, so ist es nunmal, Du bist eben kein Engel! Damit mußt Du Dich abfinden.

Ist mein „Auftrag", den ich von den Elementarwesen erhalten hatte, damit erfüllt?

Nein, natürlich nicht, das war doch erst der Anfang! Abgesehen davon, daß Du immer wieder derartige Aufgaben haben wirst, mußt Du unsere Botschaft ja jetzt noch unter die Leute bringen. Das wird noch ein Stück Arbeit!

Was wirst Du jetzt tun, wenn Du mich verläßt?

Ich werde weiterhin mit den Wassern und den Winden fliegen und meine Aufgabe als Wetterwesen erfüllen. Und vielleicht werde ich auch wieder Aufgaben wie diese mit Dir annehmen. Es wird vielleicht auch mal meine Hauptaufgabe werden für eine Zeit, denn ich habe mich ja auch verändert – Du kannst es an meinem Gewand sehen. Ja, vielleicht werde ich Dich nach Rußland begleiten, aber ich lasse mich nicht gerne festhalten, warte es ab.

Ist es sinnvoll, mehrmals hintereinander dieselbe Reise zu machen?

Jede Reise ist anders, daher ist es natürlich nicht unvorteilhaft, eine Reise öfter zu machen. Ich würde aber sagen, nach dem dritten Mal sollte man zumindest eine Kleinigkeit verändern, sonst lernt man auch hier nicht mehr allzuviel dazu. Und es kann sogar passieren, daß man darüber das richtige Reisen verlernt. Eine Reise, auf der man alles ganz genau voraussehen kann, was passieren wird, das ist keine Reise mehr, das ist ein erweiterter Sonntagsspaziergang.

Gibt es eine Empfehlung von Dir, wieviel Zeit man sich zwischen zwei Reisen lassen sollte?

Also das ist ja wie immer von Mensch zu Mensch verschieden. Aber grundsätzlich würde ich sagen, wenn ich Menschen reisen sehe: Nach spätestens zwei Reisen sollten sie sich an einem ruhigen Ort so viel Zeit nehmen, wie beide Reisen gekostet haben. Dadurch erst können die Eindrücke der Reisen erst wirklich fruchtbar verarbeitet werden. Und eine Reise ist ja, wie schon gesagt, nur dann so wertvoll, wenn sie anders ist als das „Normale". Wenn ein Mensch vor allem an ein Leben auf Reisen gewöhnt ist, braucht er vielleicht Zeit, um eine seßhafte Phase zu verarbeiten, beim seßhaft lebenden Menschen ist es eben umgekehrt.

Ich beobachte häufig, daß Menschen am stabilsten werden, wenn sie einen Dreier-Takt einhalten: 1. Reise, 2. Verarbeitung, 3. Alltagsregelmäßigkeit. Alle Teile etwa gleich lang, und dann kann wieder eine Reise folgen. Kein „aber" jetzt, das sind nur Beobachtungen, und Du bist selber schuld, Du hast ja gefragt.

Hmmm, ich hatte eigentlich gedacht, daß es etwas feierlicher zugeht bei einem Abschlußgespräch!

Du hast ja keine feierlichen Fragen gestellt, und das Leben ist eben nicht immer nur feierlich. Wo kämen wir denn da hin, es muß auch alles einen ruhigen Grund und Boden haben. Außerdem sind solche Unterteilungen in Anfang, Mitte und Ende usw. – obwohl es natürlich bedeutsame Momente sind – aber letztendlich ganz natürliche Vorgänge, über die sich niemand wundern muß. Alle Übergänge sind fließend, und man kann sie auch einfach mit Aufmerksamkeit und Schlichtheit hinnehmen.

Hast Du denn noch eine ganz bestimmte Botschaft an die Menschen?

Achtet mal auf folgendes: Euer Leben ist ein Auf und Ab, neue Dinge kommen heran, werden alltäglich, fangen vielleicht an zu stören, und da sind sie mit einem Mal wieder neu. Alles in eurem Leben taucht auf und unter, immer wieder. Versteht ihr, daß es Langeweile geben muß, damit Begeisterung entsteht? Und daß auf Bewegung wieder Ruhe folgen muß?

Wenn ihr euren persönlichen Wellenrhythmus mit der Zeit kennenlernt, seid ihr diesen Prozessen nicht mehr ausgeliefert, sondern könnt behutsam anfangen, euer Leben selbst in die Hand zu nehmen und zu gestalten.

Warum ich euch diesen Rat gebe? Weil ihr, wenn ihr mit diesem Auf und Ab vertraut seid, nicht mehr so tief fallen könnt, öfter über den Dingen steht und insgesamt ausgeglichener werdet. Ihr könnt die Gedanken der Schicksalsmächte, die euer Leben formen, in diesem Rhythmus finden, und vor allem werdet ihr mehr und mehr eure eigenen Freiheiten und eure Verantwortung innerhalb dieser Gesetzmäßigkeiten entdecken und euer eigener Wegbereiter sein können.

Und ihr werdet so feine Sinne entwickeln, daß ihr uns wahrnehmen und unsere Botschaft hören werdet.

Vielen Dank, lieber Ellenlang, daß Du mich so lange begleitet hast, danke für dieses Gespräch und für alles, was ich von Dir lernen konnte.

Er lacht und verschwindet mit viel Bewegung und großer Geschwindigkeit in den Wolken.

Kontakt zu Anna Cecilia Grünn: Anauma.Gruenn@gmx.de
(bitte nur in wirklich wichtigen Angelegenheiten, da Anna Cecilia Grünn wenig Zeit hat und sich im Studium befindet)

Notizen:

Notizen: